स्वस्थ अस्वस्थ लोग

[उपन्यास]

आर्य प्रकाशन मंडल

आर्य प्रकाशन मंडल
नयी दिल्ली

स्वस्थ अस्वस्थ लोग
हृदयेश

ISBN—978-93-84788-49-0

प्रकाशक
आर्य प्रकाशन मंडल
24/4855-56, अंसारी रोड,
दरियागंज, नयी दिल्ली-110002

प्रथम संस्करण
2018

आवरण
के. जी. पी.

मूल्य
तीन सौ रुपये

मुद्रक
कुमार ऑफसेट प्रिंटर्स
381, पटपड़गंज इंडस्ट्रियल एरिया, दिल्ली-92

SWASTHA ASWASTHA LOG *(Novel in Hindi)*
by Hridyesh
Price : ₹ 300

एक

वह उस शहर की एक बस्ती थी, पुरानी, बेढंगी, बेडौल, बोसीदा। उस बस्ती का अविच्छिन्न हिस्सा था वह गली जो उधर की उपसड़क के दाएं-बाएं फूटती दस-पांच गलियों में से एक थी। उस गली के मुहाने से चंद कदम अंदर धंसने पर हजार, डेढ़ हजार वर्ग मीटर का एक आयताकार मैदान नजर में अटक जाता था। मैदान को छोड़कर गली उत्तर की दिशा में आगे की ओर बल खाती हुई रेंग जाती थी। गली की छोटी-बड़ी तमाम गतिविधियां, हलचलें, उठा-पटक, गली के जीवन की प्रकृति व प्रवृत्ति की सूचक थीं।

शहर मझोले दर्जे का था, यों ही वाले किस्म का। यहां के निवासी पानी, बिजली, सफाई, उधड़ी, जख्मी सड़कों की समस्याओं व कुत्तों, बंदरों, सूअरों, सांड़ों के उत्पातों से परेशान रहते थे। लेकिन जब वे किसी बाहरी व्यक्ति या अपने ही जैसे बन चुके जन से पराए शहरों की सहूलियतों व विशेषताओं का बखान सुनते थे, तो वे अपने शहर की चमकदार खूबियों की सूची सामने बढ़ा देते थे कि यह दो नदियों के बीच बसा है और गर्मियों में मीलों दूर तक फैली नदी की रेती में उपजने वाली टिंडा, करेला, बैगन, लौकी, तुरई जैसी सब्जी व खीरा, ककड़ी, तरबूज, खरबूजा जैसे मौसमी फल यहां से देश की राजधानी व कोलकाता जैसे महानगर के बाशिंदों की जरूरत को पूरा करने के लिए जाते हैं। यहां एशिया की सबसे बड़ी आर्डनेंस क्लोदिंग फैक्टरी है। चीन व पाकिस्तान से जंग में रात-दिन चौबीसों घंटे काम कर इसने फौजियों के गारमेंट्स की मांग को पूरा किया था। यहां रोजा कंपनी की डिस्टिलरी में तैयार रोजा रम कम कीमत में नंबर वन की जानी-मानी शराब है। मिलिटरी में तो इसकी खासी मांग है ही, आसपास के मुल्कों में भी इसने अच्छी पैठ बनाई है। अंग्रेजों के खिलाफ 1857 में आजादी की जो लड़ाई लड़ी गई थी, सबसे आखीर तक यहां के विद्रोहियों ने मोर्चा संभाला था। घूम-घूमकर बगावत का बिगुल बजाकर अंग्रेजों की नींद हराम कर देने वाले मौलवी अहमदउल्ला शाह को राजा पुवायां ने अपनी गढ़ी में मदद देने

के बहाने बुलाकर उनका कत्ल करवा दिया था। अंग्रेज कलक्टर ने अवाम में खौफ पैदा करने की मंशा से राजा द्वारा मौलवी के पेश किए गए सिर को कोतवाली के सामने पेड़ पर टंगवा दिया था। पहरे को धता दिखाकर विद्रोही रात में मौलवी का सिर उतार ले गए और बगल के गांव में उसे बाइज्जत दफना दिया गया। करीब साठ साल बाद देश को स्वतंत्रता दिलाने के गांधी जी के अहिंसात्मक आंदोलन को न कारगर मानकर यहां के कई नौजवानों ने क्रांति का रास्ता चुना था। हथियारों की खरीद के वास्ते धन जुटाने के लिए उन्होंने काकोरी के पास ट्रेन रोककर सरकारी खजाना लूटा था। पकड़े जाने पर लखनऊ की सेशन अदालत में उन पर मुकदमा चला था। जेल से अदालत जाते हुए वे वंदेमातरम्, भारत माता का जयकारा लगाते थे। यहां के तीन क्रांतिकारी पं. रामप्रसाद बिस्मिल, अशफाकउल्ला खां व ठा. रोशनसिंह को फांसी की सजा हुई थी। फांसी के तख्ते पर चढ़ते हुए भी उन्होंने उसी दिलेरी से भारत माता की जय और ब्रिटिश हुकूमत मुर्दाबाद के नारे लगाए थे। वे इन चमकदार विशेषताओं का किस्सा बन गईं दगैली सच्चाइयों को ओट दे जाते थे कि नदी की प्लेज में उगे टिंडे, करेले, तुरई, खीरा, ककड़ी, तरबूज, खरबूजे की उपज ट्रकों में भर-भरकर दिल्ली, कोलकाता चली जाने के कारण यहां के बाशिंदों के लिए वे आसमान को छूते दामों पर मिलती हैं या यहां की आर्डनेंस क्लोदिंग फैक्टरी अब बीमार है और उसमें महज एक ही शिफ्ट अब कांखती, कराहती चलती है या रोजा रम बनाने वाली कंपनी दूसरे मालिकान के हाथों जाकर अब दूसरी ब्रांड की महंगी शराब तैयार करती है या मौलवी अहमदउल्ला शाह की मजार तक पहुंचने का कोई फायदे का रास्ता न होने से वह गुमनामी का शिकार है या काकोरी कांड के शहीद रामप्रसाद बिस्मिल, अशफाकउल्ला, रोशनसिंह की लगी मूर्तियां एक ही जैसी शक्ल की बड़े नुक्स वाली है और इन शहीदों के खाते में जो शायरी दर्ज की गई थी, बाद में ज्यादातर दूसरों की रची हुई पाई गई।

यहां के अधिकांश वृद्ध या वे जन जिनके लिए शहर से गंठजोड़ मजबूरी बन चुका था और उसको ढोना ही ढोना था, ऊपर-ऊपर शहर के प्रति प्यार जताते थे मगर अंदर-अंदर उससे नफरत करते थे। वे नागरिक, विशेषकर युवा वर्ग के, जिनके लिए रिश्ता मजबूरी या जंजीर नहीं बना था और जिनमें गलत स्थितियों से लड़ने और उनको बदलने का जज्बा था, शहर से लगाव से अधिक अलगाव का भाव रंखते थे।

उस ऐसे शहर की ऐसी बस्ती की ऐसी गली के मुहाने वाले उस आयताकार मैदान के पूर्वी कोने में नीम का एक ऊंचा छतनार पेड़ खड़ा था। अगस्त माह की शाम का पांच का वक्त था। मैदान में यहां-वहां धूप की चमक व तपिश थी जबकि पेड़ के नीचे का हिस्सा खुशगवार हवा सहेजे हुए पसरा था। वहां चार कुरसियां पड़ी थीं। मैदान के पश्चिमी सिरे पर बने मकान में से धोती-कुर्ता पहने भरे-पूरे जिस्म का एक व्यक्ति निकला और सधे कदमों से फासला तयकर एक कुरसी पर विराजमान हो गया। व्यक्ति का नाम चतुर्भुज शर्मा था। कुरसियां उन्हीं के बैठक से निकलकर वहां पड़ती थीं। शर्मा जी एक उच्च माध्यमिक स्कूल के सेवानिवृत्त प्रिंसिपल थे। उनके स्कूल का चपरासी मगरे भी सेवानिवृत्त हो चुका था। गली में ही रहता था। एक तो वह वैसे ही सेवाभावी किस्म का इनसान था, दूसरे उसके बेटे को भी शर्मा जी ने एक गैस एजेंसी पर हिल्ले से लगवा दिया था। उसमें इसलिए सेवा भाव कुछ और भी भीतरी परत तक पैवस्त था। वह समय से आधा-पाव घंटा पहले आकर कुरसियां डाल जाता था। खुद न आ सकने पर अपनी लुगाई को भेज देता था। उन दोनों में से किसी के न पहुंचने पर, वैसा बहुत ही कम होता था। शर्मा जी मैदान के अगले भाग पर चढ़कर खड़े हो जाते थे और कोई न कोई मौजूं व्यक्ति उस काम को कर देता था।

पांच मिनट बाद प्रिंसिपल शर्मा के बगल वाले मकान में से सीधी-सतर छाया वाला एक व्यक्ति निकलकर उधर बढ़ आया और उसने दूसरी कुरसी ग्रहण कर ली। इस व्यक्ति का नाम था बैकुंठनाथ मित्तल। मित्तल जी कुर्ता-पाजामा पहने थे जो खादी का था। खादी का कुर्ता-पाजामा उनकी वेशभूषा का एक अभिन्न भाग था। प्रिंसिपल शर्मा की भांति उनका चेहरा भी चौड़ा भरा-भरा था। फर्क यह था कि मित्तल जी की त्वचा का रंग शर्मा जी की त्वचा के रंग से ज्यादा उजासमय था। शर्मा जी के चेहरे पर झबरीली मूंछ थी जबकि मित्तल जी के चेहरे पर थी ऊपरी होंठ के दोनों कोनों को छूती हुई दो सूत चौड़ी पट्टी की शक्ल में।

मैदान में बस यही दो मकान थे। मकान वाली जमीन के आधे भाग में बहुत पहले सेठ किशोरी लाल की गौशाला थी जिसमें दो-तीन अच्छी नस्ल की गायें व उनके बछड़ा-बछड़ी बंधते थे। दूसरे हिस्से में उनकी जमींदारी वाले गांवों से शहर आई रियाया के लोगों के ठहरने की व्यवस्था थी। तामीर कच्ची-पक्की, खुली व पर्टदरी युक्त थी। फिर हुआ यह कि छह माह के

अंदर दो गायें मर गईं। आपूर्ति के लिए नई लाई गाय ने समय से काफी पहले बच्चा जन दिया। बच्चा तो मरा ही, गाय के थन में काफी मशक्कत के बाद भी दूध आधा-पौन सेर से ज्यादा उतरा नहीं। सेठ जी भी बीमार रहते थे। प्रिंसिपल चतुर्भुज शर्मा के पिता सेठ जी के पुरोहित थे। उन्होंने गाय सहित गौशाला उनको दे दिया। बैकुंठनाथ मित्तल के पिता सेठ जी की जमींदारी व कोर्ट-कचहरी वाला काम देखते थे। गौशाला अपने कुल पुरोहित को दिए जाने की जानकारी पाने पर वह एक सांझ एकांत में सेठ जी से बोले थे कि जब कभी वह दूसरा हिस्सा निकालने का मन बनाएं, उनसे पूछ लिया जाए। उनका अपना मकान छोटा है। उनके दो बेटे हैं। एक के लिए ही उसमें बमुश्किल गुंजाइश हो पाएगी। वह कुछ न कुछ कीमत देंगे ही। सेठ जी अच्छे मूड में थे। हंसकर पूछा, "कित्ती कीमत आपने कूती है?"

"मालिक, मैं पांच-सात सौ रुपयों का इंतजाम कर लूंगा।"

सेठ जी ने हंसी गाढ़ी की। नाम से संबोधित किया, "जिस पैनी नजर और सूझबूझ से आप मेरी जमींदारी की देखभाल कर रहे हैं, मैं चिंतामुक्त हूं। बागों की नीलामी में आप ध्यान रखते थे कि मौसम पर आम, जामुन कोठी पर आते रहें। आप मालिक के हित, उसकी खुशहाली की फिक्र करने वाले मानुख हैं। ब्राह्मण न होते हुए भी आप मेरे लिए कुल पुरोहित से कम नहीं हैं। आज से वह हिस्सा आपका।"

प्रिंसिपल शर्मा और बैकुंठनाथ मित्तल दोनों के पिता ने अपने-अपने हिस्से में अपना-अपना कब्जा पक्का करने की नीयत से पक्की घेराबंदी करा ली थी। बाद में उनके बेटों ने रहने के लिए गृहस्थी की जरूरत के मुताबिक निर्माण कार्य करा लिया था।

चंद मिनट बाद वहां एक और व्यक्ति आकर बैठ गया। वह बुश्शर्ट व पतलून पहने था। नाम था अशोक कुमार रायजादा। कद मझोला होने से उनका गुदाज जिस्म कुछ और ज्यादा गुदाजपन झलकाता था। रायजादा साहब का मकान गली में दो कदम के फासले पर था बल्कि कहा जाए कि उनके मकान की छत का बरसाती पानी मैदान में गिरता था। रायजादा साहब को मकान अपने नाना से मिला था जिनकी कोई पुल्लिंगीय संतान नहीं थी और उन्होंने उनको बचपन से ही अपने पास रख लिया था। नाना संकटा सहाय अराइज नवीसी करते थे। उनके लिखे संपत्ति की बिक्री और अधिकार संबंधी प्रालेख इतने मुकम्मल व पुख्ता होते थे कि विवाद के दौरान धाकड़ से धाकड़

वकील उनमें सेंध नहीं लगा पाते थे। जिले का अराइज नवीसी का सारा बड़ा व दुधारू काम उन्हीं के पास आता था। नाना ने रायजादा को उनके बारहवीं कक्षा की पढ़ाई पूरी कर लेने के बाद अपने पेशे में डाल लिया था। रायजादा का लेख खुशकत था जो इस पेशे के लिए एक अतिरिक्त गुण था। नाना प्रालेखों में फारसी शब्दों का इस्तेमाल करते थे और वह उर्दू में लिखा होता था। नाना का स्वर्गवास हो गया था। रायजादा इस पेशे में पारंगत होकर जम चुके थे। आजादी के बाद अदालतों, दफ्तरों में कामकाज हिंदी में होने लगा था। वह धीरे-धीरे फारसी की जगह हिंदी शब्दों का इस्तेमाल करने लगे थे। उनका बड़ा बेटा हांगकांग एक अच्छी जॉब पाकर चला गया था। छोटा बेटा कानून की डिग्री हासिल कर वकील बन गया था। शुरू में दो-ढाई वर्ष उसने मुकदमे संबंधी काम में जोर-आजमाइश की जो वकालत का असली काम होता है, सम्मानजनक भी। जब उसमें ठनठन गोपाल रहा तब रायजादा साहब के जोर देने से उनके वाले पेशे में शरीक हो गया। दो-चार अन्य वकील भी इस पेशे में दाखिल हो चुके थे। झिझक-शर्मिंदगी भी इसलिए जल्द झर गई। रायजादा साहब ने शुरू में सादे कागजों पर प्रालेखों का मजमून लिखवाकर उनकी कमियों को दूर कर दिया। फिर वह सीधा स्टाम्प वाले कागजों पर लिखने लगा। उन्होंने उसको पेशे से जुड़े गुर भी सिखा दिए कि रजिस्ट्रार के दफ्तर में रजिस्ट्रेशन की सरकारी फीस के अलावा अलग से बंधी हुई जो देनदारी दी जाती है, वह पहले से भिजवा देनी चाहिए। सप्ताह में दो-एक बार स्टाफ के लिए चाय-नाश्ता भिजवा देना और भी सही कदम है। पूरे अमले को साधे रहने से बगैर किसी अड़चन-फड़चन के काम फटाफट निपट जाता है। रायजादा साहब ने कचहरी जाना बनाए रखा। एक तो इससे वह बेटे के पास बढ़ जाने वाले काम को थोड़ा-बहुत हलका कर देते थे, दूसरे पुराने लोगों से मिलना-जुलना भी हो जाता था। उनकी यह सोच थी कि खाली होने का अहसास आदमी को बीमारी की ओर ढकेलता है। वह कचहरी से घंटा-आध घंटा पहले उठ आते थे। घर पर इत्मीनान से चाय-नाश्ता करते थे और फिर मैदान वाली बैठकी में शामिल हो जाते थे।

चौथी कुरसी खाली थी। प्रिंसिपल शर्मा व्यावहारिक क्रियाकलाप में तीन का अंक अशुभ मानते थे। इसलिए वह तीन की बजाय कुरसियों की संख्या चार रखते थे। यह चौथी कुरसी जब-तब भर भी जाती थी।

उन तीनों में सुबह के किसी समय आसपास के किसी भी स्थान पर

सामना पड़ने पर परस्पर नमस्कार, अभिवादन हो जाता था। शाम के इस समय यह नमस्कार, अभिवादन दुबारा होता था। फिर बातचीत शुरू हो जाती थी जो अपनी गति व रंगत पकड़ लेती थी। वे तीनों एक ही आयु वर्ग के थे, सत्तर-पचहत्तर की। आयु उन तक आते-आते कुछ फासले पर ठिठक गई थी। छोटी, मामूली व्याधि फिर भी किसी के शरीर पर दस्तक दे देती थी। परसों बैकुंठनाथ मित्तल को नीम के नीचे बैठने के दौरान कई बार खांसी आई थी। उन्होंने बताया कि शाम के भोजन में उनका दही लेना गलत था। चतुर्भुज शर्मा ने सुबह व रात को मुंह में काली मिर्च के सात दाने व तुलसी की तीन पत्ती चुभलाने का उपाय सुझाया था। मित्तल ने बताया कि वह वैसा कर रहे हैं और आराम भी है। उन तीनों के पास आम रोगों के निदान या बचाव के लिए घरेलू नुस्खे व उपाय थे। मसलन तांबे के पात्र में रात का रखा पानी सुबह पीने से व्यक्ति ब्लडप्रेशर जैसे चिपकू रोग से बचा रहता है। निहार मुंह एक चम्मच कोरी हुई पिसी मेथी फांकने से आदमी के पास मधुमेह रोग नहीं फटकता है। मधुमेह देह में लगा घुन है जो कान की श्रवण-शक्ति, आंख की रोशनी, गुर्दा या शरीर के किसी भी महत्त्वपूर्ण अंग को बेदम बनाता है। मेथी कब्ज भी तोड़ती है और जोड़ों के दर्द से भी बचाव करती है। नाक से बलगम आने की रोकथाम करना हो तो दोनों नथुनों में सरसों के तेल की एक-एक बूंद चुआई जाए। होंठ का पपड़ियाना स्नान से पूर्व नाभि को सरसों के तेल से चिकनाने से रुक जाता है। दांतों में पायरिया हो गया हो या ठंडी, गर्म, मीठी चीज खाने से दांत टीसते हों, सुबह-शाम पांच-पांच मिनट तक कपड़छान नमक व हल्दी को सरसों के तेल में मिलाकर लगाने से दांत के डॉक्टर के पास जाना नहीं पड़ता है। सप्ताह में एक बार फिटकरी पड़ा गुनगुने पानी से कुल्ला करना और भी मुफीद रहता है। कान में उभर आने वाला दर्द सुदर्शन के पत्ते का रस दो बूंद दो-तीन बार चुआने से रफूचक्कर हो जाता है। बवासीरी मस्सों की तकलीफ से निजात पाने का एक उपाय है कि हरी भांग से दस दिन तक सिंकाई की जाए। एक उपाय गुलाबजल में रात की भीगी हरी किशमिश का निहार मुंह सेवन है। रायजादा के पास इस मर्ज का एक और भी उपाय था कि शौच के समय गुदा में उंगली पांच मिनट तक घुमाई जाए। इससे एक तो मल की पूरी सफाई हो जाती है, दूसरे अंदर की मालिश भी।

"यह तो बड़ा घिनौना उपाय है।" ऐसा मौका मिलने पर शर्मा जी मुंह

बिचकाते।

"घिनौना मर्ज है तो उपाय भी घिनौना। घिनौने के मुकाबले में मोर्चे पर तैनाती घिनौने की।" रायजादा यह कहकर मुस्करा देते। इस मुस्कराहट को गाढ़ा कर कभी-कभी वह इसके आगे मोर्चे पर एक यह भी मोहरा बढ़ा देते, "आनंद की खातिर हम सब दूसरे भी घिनौने काम करते हैं कि नहीं।"

कथन अपना गूढ़ार्थ खोल देता। शर्मा और मित्तल दोनों हंसने लगते।

बातचीत स्वास्थ्य पर आ गई थी। लगभग हर बैठकी में किसी-किसी संदर्भ में स्वास्थ्य की चर्चा जगह निकाल ही लेती थी। स्वास्थ्य उनका प्रिय विषय था।

"सेहत न्यामत है। सेहत का मतलब है प्रतिरोधी शक्ति, ताकत। शरीर में अगर ताकत है तो एक तो वह छोटे-मोटे रोगों को शरीर के आसपास फटकने नहीं देगी और अगर कोई रोग अंदर घुस भी आया तो दो-एक दिन में ताकत बगैर किसी डॉक्टर-वैद्य की दवा के उसे पटकनी दे देगी," शर्मा जी ने पचासों बार ऐसे कहे को उस दिन भी कहा।

"हेल्थ इज वेल्थ," मित्तल जी ने भी अपने पुराने कथन को दोहराया।

"वेल्थ इज एडीशनल हेल्थ," रायजादा साहब का एडीशनल हेल्थ वाला कथन नया था।

एक दिन पहले जब शर्मा जी बाजार से सब्जी की खरीदारी कर रहे थे, उनकी ही गली के सब्जी खरीद रहे रामलड़ैते की खांसी के झटकों से ऐसी सांस उखड़ी कि वह वहीं दुकान के पटरे पर सीना दबाए बैठ गया। शर्मा जी ने रामलड़ैते की दमे की बीमारी के साथ उसकी उम्र का भी जिक्र कर दिया कि मुश्किल से पचास का होगा। नगरपालिका की नौकरी से रिटायर होने में उसके अभी छह साल हैं।

रायजादा साहब के पास भी पेश करने के लिए एक इससे अच्छा उदाहरण था। उनके एक साथी अराइज नवीस के पास जो मुंशी था उसे जब खांसी आना शुरू होती थी, वह बराबर मुंह पर हाथ लगाए रहता था। एक-दो बार हाथ लगाने में देरी हो जाने पर नकली दांत का ऊपरी हिस्सा बाहर कूद आया था। मुंशी की उम्र भी साठ से नीचे थी। उसका कहना था कि पहले वह दिन भर में बीड़ी का पूरा बंडल फूंक डालता था। पान खाने की भी उसे लत थी। हालांकि उसने इन सबसे तोबा कर लिया है लेकिन जो नुकसान होना था हो चुका। जब चिड़ियां चुग गई हैं खेत तब पछताए होता है क्या?

मित्तल जी की याद की पर्स से वह वाकया बाहर आ गया। मित्तल मंदिर जा रहे थे। मंदिर के मोड़ पर लगे चाट के ठेले पर चाट खाई जा रही थी। एक खाने वाले को मिर्च की लगी धांस से इतनी तेज छींक आई कि उसकी आंख पर चढ़ा चश्मा पकौड़े उतार रहे चाट वाले की कड़ाही में जा गिरा। चाट खाने वाला तीस वर्ष की उम्र से ज्यादा नहीं था। मेढक जैसी खाल चढ़ा सूखा हड़ियल चेहरा था।

इसी क्रम में वे फिर गली और आसपास के उन लोगों को खींच-खींच कर सामने लाने लगे जिनकी वैसी आयु से काफी पहले कमर झुक गई थी या जो बेंत और चश्मे का सहारा लेने लगे थे या जिनके मुंह पोपले और चुसे हुए आम जैसे थे और जिनकी काया घिना चली थी।

उन तीनों ने तब तक छड़ी नहीं पकड़ी थी। दो-चार किलो वजनी खरीदारी संभाले वे सीधे सधे कदमों से चल लेते थे। उनकी बत्तीसी में दो-एक दांत ही कम हुए थे, लेकिन उनका कम होना मालूम नहीं होता था। उनकी नजर भी सही चंगी थी। सिर्फ रायजादा साहब ही चश्मा लगाते थे, सो भी लिखते-पढ़ते वक्त।

नीचे नीम के पेड़ का साया सांवला गया था। मित्तल ने कलाई घड़ी देखी। सात बज रहा था। वह उठे तो दूसरे भी उठ गए। कुरसियां भी की गई व्यवस्था के तहत उठकर बैठक में रखी जाने लगीं।

दो

चौथे दिन खाली रहने वाली वह कुरसी भर गई थी। भरी भी उस व्यक्ति से जो उसका वास्तविक अधिकारी था। मैदान में उसको आता देखकर प्रिंसिपल शर्मा ने उसकी अभिनंदना में किंचित् मुखर स्वर में रामचरितमानस की यह पंक्ति यथा अवसर संशोधित कर उच्चारी, 'भए प्रगट कृपाला दीन दयाला हम सबके हर्षकारी।' उस व्यक्ति का नाम था भी दीनदयाल। दीनदयाल पहले उस गली में ही रहते थे। तीन साल पहले उन्होंने एक अधिक सुविधाजनक स्थान पर एक अधिक सुविधाजनक मकान बनवा लिया था। यह मकान डेढ़-दो किलोमीटर के फासले पर था। शुरू में इस दूसरे मकान से भी वह लगभग रोज आ जाते थे। कहते थे कि आत्मा मेरी यहां है, शरीर वहां नए ठिकाने पर। यह रोज का आना धीरे-धीरे ढीला पड़ने लगा। और फिर और ढीला। अब आने का अंतराल कभी-कभी एक सप्ताह तक का हो जाता था। टोके जाने पर किसी जरूरी काम का निकल आना या किसी अड़ंगे का लग जाना या किसी आ टपके परिचित में फंस जाना जैसा कुछ बता देते थे। साथ में अपना वही कथन, "आत्मा मेरी यहां है, शरीर वहां है नए ठिकाने पर।"

दीनदयाल भी उसी आयु वर्ग के थे, स्कूली सर्टीफिकेट के अनुसार 71 वर्ष के। उनकी भी खाई-पी देह थी। कद 76 से. मी., वजन 64 किलोग्राम। श्रवण, घ्राण, दृष्टि, चर्वण, पाचन सभी शक्तियां 80 प्रतिशत तक दुरुस्त। संतान के मामले में भी चकाचक। कोई बेटी नहीं थी जबकि चार बेटे थे। दो बेटे दो महानगरों में अच्छी जॉब पर लगे हुए थे। एक को निस्संतान सगे मौसा ने अपने पास रख लिया था जिनका कपड़े का थोक धंधा था। जो बेटा उनके पास था उसका शहर में ट्रांसपोर्ट का काम था। अपने दो ट्रकों से शुरू की गई एजेंसी में दो साल में खुद के दो ट्रक और शामिल हो गए थे। फिर दूसरे कई ट्रक स्वामी उसकी एजेंसी से संबद्ध हो गए थे और एजेंसी से बुक किए माल को ढोने, नियत ठिकानों पर पहुंचाने लगे। इसी बेटे का जोर था, "पापा, गली के इस पुराने, वाहियात मकान से मोह छोड़िए। शहर में अच्छी

जगह चलकर अच्छे ढंग से रहिए।"

"चुन्नू," वह बेटे के लिए इसी संबोधन का इस्तेमाल करते थे, "इस मकान में तेरे दादा रहे, परदादा रहे। यह अपने बड़े-बूढ़ों की अमानत है। ऐरे-गैरों के हाथों डाल दूं, मन नहीं होता।"

"पापा, अपने रहमत मियां को दे दीजिए। वह हमारे हर दुःख-सुख में शामिल रहते हैं। हम लोगों से उनके रिश्ते बहुत अच्छे हैं। हम सबको बहुत मानते हैं। उन बेचारे का कुनबा बहुत बड़ा है जबकि मकान बहुत छोटा। दो-एक दीवार खसा लेने से उनको रहने में काफी सहूलियत हो जाएगी।"

रहमत मियां के यहां बेरी लगी हुई थी। जब वह फलती थी वहां से तीसरे-चौथे दिन पीले, सुनहरे चुने हुए बेर आ जाते थे जिनका खुशबूदार खटमिट्ठा स्वाद अनोखा होता था। होली-दीवाली में भले ही उनके घर से गुझिया, लड्डू, खस्ता जाने से चूक हो जाए, ईद पर रहमत मियां के घर से जालीदार कपड़े से ढकी हुई दो-तीन किस्म की सिवईं जरूर आ जाती थी। जाड़ों की एक अंधेरी रात बाहर सहन में चपड़-चपड़ सुनकर दीनदयाल की पत्नी ने अंदर की खिड़की से झांका तो वहां दो आदमी नजर आए। 'हाय राम, घर में डाकू हैं, डाकू हैं' कहकर वह शोर करने लगी। दीनदयाल व घर के दूसरे सदस्य भी शोर में चीख-चिल्लाहट के साथ शामिल हो गए। रहमत मियां अपने घर से आवाज देने लगे, "वर्मा साहब, घर के कमरों के दरवाजे बंद रखिएगा। कतई घबराइएगा नहीं।" रहमत मियां, उनका भाई व उनके दोनों जवान लड़के लाठी, कांता, बल्लम लेकर अपनी छत पर चढ़ गए। बदमाशों के पास देसी कट्टा थे। फायरिंग पर ओट लेकर छत पर मौजूद ईंट, गुम्मा वे फेंकने लगे। बदमाश भाग गए।

सहन में एक गमछा पड़ा हुआ था। रहमत मियां का बड़ा लड़का बोला, "चाचा जी, गमछा लुटेरों का है। माल बांधकर ले जाने के वास्ते लाए होंगे। आप कोतवाली जाकर गमछा पुलिस के हवाले कर दें। पुलिस के पास ऐसे कुत्ते होते हैं जो सूंघकर मुजरिमों तक पहुंच जाते हैं।"

"वर्मा साहब, मैं ऐसी सलाह नहीं दूंगा। पुलिस बड़ी कमीनी होती है। बीसियों बार आपको कोतवाली दौड़ाकर उलटे-सीधे सवालों से परेशान करेगी। भाभीजान के साथ सुबह मंदिर जाकर परसाद चढ़ाइए। ऊपर वाले की मेहरबानी से जान-माल किसी भी किस्म के नुकसान से आप बच गए। खौफजदा अजाब दबे पांव गुजर गया।"

दीनदयाल के दादा और पिता अपने नाम के साथ रस्तोगी लगाते थे। रस्तोगी से सुनारी के पेशें की भनक आती थी। दीनदयाल बतौर सरनेम वर्मा लगाते थे। वह स्वास्थ्य विभाग में निचले पायदान वाली नौकरी में भरती हुए थे। बारहवें दर्जे तक उनके पास विज्ञान विषय थे। तरक्की पाकर वह फूड इंस्पेक्टर बन गए थे और उसी पद से रिटायर हुए थे।

पहले से खरीदकर डाले गए प्लाट पर मकान बन जाने पर वह उसमें रहने चले गए थे। जाने से पहले मौजूं कीमत मिलने पर गली का मकान एक सिंधी के हाथ निकाल दिया था।

"इंस्पेक्टर साहब, यहां आना लंबा-लंबा गोल करोगे तो हेल्थ चौपट कर दोगे," प्रिंसिपल शर्मा ने कहा। उनकी जबान पर नाम, सरनाम, पदनाम जो भी आ जाता था, वह उसी से उनको संबोधित करते थे। मित्तल जी की जबान पर ज्यादातर उनका नाम आता था जबकि रायजादा साहब की जबान पर पदनाम।

"शर्मा भाई साहब, मुझे अपने स्वास्थ्य का पूरा ध्यान है। आखिर स्वास्थ्य विभाग का आदमी रहा हूं। सब्जी मगही टोला की बजरिया में उम्दा और सस्ती मिलती है। उस बहाने शाम को उधर जाना हो जाता है। कुछ ही फासले पर एक छोटा सा पार्क है। वहां ताड़, सफेदे के पेड़ हैं। किसी के नीचे पड़ी बेंच पर थोड़ी देर बैठकर अंदर आक्सीजन भर लेता हूं। अलसा जाता हूं तो ऊपर मकान की छत के गिनकर बीस चक्कर लगा लेता हूं। स्वास्थ्य को लेकर लापरवाह नहीं हूं।"

"ताड़ और सफेदे के पेड़ लल्लूलाल सल्लूलाल होते हैं। नीम वृक्ष च्यवन ऋषि का अवतार है। इसके नीचे उठने-बैठने, सांस लेने वाला नीरोग काया रहता है। शतवर्ष जीता है।"

"इंस्पेक्टर साहब, प्रिंसिपल साहब सही फरमा रहे हैं। रिटायरमेंट के बाद आदमी को अपनी फिटनेस का ज्यादा खयाल रखना चाहिए। साठ की उम्र के बाद जो खोया-गंवाया वो खोया-गंवाया ही रहता है," रायजादा बोले।

रिटायर्ड आदमी का जिक्र आने पर दीनदयाल में अपने मकान के करीबी घर में हुए पारिवारिक आयोजन में आए एक सेवानिवृत्त डॉक्टर के बताए हेल्थ टिप्स की जानकारी साझा करने की इच्छा जग उठी। उन्होंने कहा कि आदमी को गहरी-गहरी सांसें लेना चाहिए, दिन में पांच-सात बार खुलकर हंसना चाहिए। इससे फेफड़े मजबूत होते हैं। इफ लंग्स आर पॉवरफुल देन बॉडी इज पॉवरफुल।

इसी क्रम में दीनदयाल ने कहा कि अब बहुत से शहरों में दूसरी तरह के क्लबों के अलावा लाफ्टर क्लब भी होते हैं जिसमें क्लब के सदस्य सुबह या शाम जमा होकर गपशप के बाद कुछ देर तक ठट्ठा लगाकर हंसते हैं। अपना यह ससुरा शहर इस मामले में भी फिसड्डी है।

सभी से पुष्टि होने पर कि हां फेफड़ा शरीर का प्रमुख अंग है, परिवार का मुखिया जैसा और मुखिया यदि पूर्ण सक्षम है तो परिवार का प्रत्येक सदस्य सकुशल है, उन्होंने बताया कि जब कभी उनको अखबार या किसी पत्रिका या कहीं और शाया कोई बढ़िया कार्टून या जोक नजर आ जाता है तो वह उसे संभालकर रख लेते हैं। टीवी पर भी हंसी के प्रोग्राम आते हैं।

साथियों के पुनः बल देने पर कि वह अपना आना कैसे न कैसे नियमित बनाएं, उन्होंने बताया कि आज उन्होंने तय कर लिया था कि वह जाएंगे ही जाएंगे। संयोग से अपने वाले मोड़ पर ही रिक्शा मिल गया। पांच रुपए पर पंजाब सिंध बैंक तक छोड़ने को तैयार हो गया। बैंक तक दो-तिहाई रास्ता तय हो जाता है। वह रिक्शे पर बैठे ही थे कि चार-खंभा तक की सवारी आ गई। उन्होंने रिक्शे वाले से कहा कि अब तो वह पूरा किराया पा गया है, वह आगे बढ़कर अपने ठिकाने पर ही उतरेंगे। पैसों की शहंशाही ठीक नहीं। पकड़ ढीली हुई नहीं कि कबूतर वो गया, वो गया वाली स्थिति। कहे कि यह पूंछ थी, 'मनी इज मानीटरी हेल्थ।'

बात दुनियादारी पर घूम गई थी। फिर उसी डगर पर चली, बढ़ी।

विसर्जन का समय हो गया था। दीनदयाल ने कुरसी से उठते हुए कहा, "मैंने डॉक्टर साहब के जिन हेल्थ टिप्स के बारे में बताया था उनकी विस्मिल्लाह आज ही हो जाना चाहिए। सही काम में देरी क्यों? हां तो हम सब पांच बार गहरी-गहरी सांस लें।"

यह क्रिया पूरी हो जाने पर कहा, "अब हम सब पांच बार जोर-जोर से हंसेंगे।"

उन्होंने हंसी का पटाखा दागने के लिए पहले अपने दोनों हाथ की उंगलियां हिलाकर विदूषक की मुद्रा में खराब स्वाद मार्का थू-थू की। दूसरी बार बंदर की तरह घुड़की भरी। तीसरी बार गधे जैसी दुलत्ती झाड़ी। चौथी बार कुत्ता पाटी करने से पहले जिस तरह चक्कर काटता हुआ जमीन की सूंघा-सांघी करता है, वह की। अंतिम बार दो पुरानी औरतों के एक-दूसरे से गाली-गलौच करने वाला स्वांग किया।

हर बार हंसी का मीटर आगे बढ़ा था।

तीन

यों तो बरसात से संबंधित चौमासा गुजर चुका था, फिर भी पानी हफ्ता-दस दिन के अंतराल से गिर जाता था। ऐसा होना अनहोना नहीं था। बारिश घोर सर्दियों में भी आ धमकती थी। औरों को भले ही हड़े खले, जिनकी नपी-बंधी दिनचर्या में व्यवधान पड़ता है, सो भी उसके अहम हिस्से में, उनको व्यवधान घोर असुहाता। नीम के नीचे कुरसियां पड़ चुकी थीं। वे बैठ भी चुके थे। उनमें इंस्पेक्टर दीनदयाल भी शामिल थे। बादल एकाएक घिरे और बरसने लगे। सब उठकर प्रिंसिपल शर्मा की बैठक में आ गए थे। दस मिनट में पानी जिस तेजी से आया था उसी तेजी से रुक भी गया। सब वापस अपने पुराने ठिए पर आ गए। ठिए ने जल्दी ही उन्हें सहज बना दिया। बातचीत स्वास्थ्य पर आ गई। मित्तल ने कहा कि बरसात का मौसम सेहत के लिए हानिकारी होता है जबकि सर्दियों का मौसम लाभकारी। बरसात में मक्खी, मच्छर और उनसे जुड़ी बीमारियों का प्रकोप रहता है। सर्दियां ऐसे प्रकोपों से बची होती हैं। रायजादा भी सर्दी के मौसम के पक्ष में थे। कहा, "इस मौसम में खट्टी, मीठी, चटपटी तरह-तरह की चीजें खाने की इच्छा है। भूख चटख हो जाती है।" दीनदयाल ने कहा, "ढक-लपेटकर लेटने से नींद खूब गहरी आती है।" प्रिंसिपल शर्मा की सोच अलग थी। भारी-भरकम स्वर को कुछ और वैसा बनाकर बोले, "आप सबका ध्यान इस पर नहीं गया कि मुख्य क्या है? पेड़ का मुख्य होता है उसकी जड़ें। जड़ें अगर गहरी और गुंथी हुई हैं, मतलब मजबूत, तो आंधी, तूफान में भी वह खड़ा रहता है। इमारतों का मुख्य होता है नींव। नींव अगर मजबूत है तो वे भूचाल का भी सामना कर लेती हैं। आदमी का मुख्य होता है स्वास्थ्य। स्वास्थ्य अगर बढ़िया है, टनाटन तो आदमी के लिए खराब से खराब मौसम भी बेअसर। साफ पानी, स्वच्छ हवा, सही भोजन बहुत जरूरी है, इनकी उपेक्षा नहीं होनी चाहिए, लेकिन कभी-कभी इनके दोषमय हो जाने पर भी स्वस्थ, पुख्ता शरीर का कुछ नहीं बिगड़ता।"

वे सब उनकी सोच से सहमत हो गए। सोच में दम था।

शर्मा जी ने दिमाग में कूद आई एक और पते की बात बताई, "दही में दूध से छह गुना ताकत होती है। दही में पैदा होने वाले वैक्टीरिया दोस्त बनकर यह करिश्मा पैदा कर देते हैं। एलोपैथी और आयुर्वेदिकी दोनों का बल दही के सेवन पर है। दही को काला नमक व भुने हुए जीरे के साथ लिया जाना चाहिए। चीनी के साथ लेने पर वह पेट के लिए थोड़ा गरिष्ठ हो जाता है।"

तीन दिन बाद शाम को बारिश फिर आ धमकी थी। उसकी यह धमक काफी देर तक बनी रही थी। जब रुकी तब बैठने के लिए बहुत कम समय बचा था, बमुश्किल आध घंटे का। कुरसियां रखने वाले के आने की उम्मीद या उसका इंतजार करना नासमझी थी। शर्मा जी ने बैठक से कुरसी उठाकर नीम के पेड़ के नीचे डाल ली। गली की ओर ढलान होने से मैदान की हालत खराब नहीं हुई थी। पेड़ के पास की जगह वैसे भी उठांव थी। मित्तल जी ने पानी रुका पाकर जब अपने दरवाजे से बाहर झांका और शर्मा जी को बैठे पाया तो वह भी बैठक से कुरसी लेकर वहां पहुंच गए।

"हमको बारिश का फिर भी शुक्रगुजार होना चाहिए कि उसने बैठने के लिए पूरा नहीं तो कुछ तो वक्त मुहैया करा ही दिया।"

"बरसात में हम लोग बैठक में बैठ जाते हैं। मौसम की चाल व उसका मिजाज पहले से पता होने पर हम उसके अनुसार अपने को ढाल लेते हैं।"

छोटा सा विराम।

मित्तल : "अपने हमउम्रों के बीच मिल-बैठकर गपशप, हंसी, मजाक कर लेने से मन को ताजगी मिल जाती है।"

शर्मा : "सिगरेट, चुटकी, चाय पीने की तयशुदा वक्त पर तलब उठती है। वैसा ही हम लोगों का बैठना है। नशा भी कहा जा सकता है इसे।"

मित्तल : "यह नशा सात्विक किस्म का है।"

शर्मा : "आपने सौ टके सही कहा है।"

इंस्पेक्टर दीनदयाल का आना वैसे भी अनियमित था। उनकी उपस्थिति इसलिए सोच से बाहर थी। रायजादा आना टाल गए थे कि बारिस की भेंट चढ़ने के बाद समय बचा कितना है जो चला जाए। बरसाती दिनों में न थम रहे पानी में भी वैसे वह छाता लगाकर उपस्थित हो जाते थे। दिसंबर की हाड़कंप ठिठुरन में भी वह सिर पर टोपा और ऊनी मोटी चादर लपेटकर पहुंच जाते थे। दीनदयाल भी अगर तय कर चुके होते थे तो सारी प्रतिकूलताओं को दरकिनार कर निकल ही आते थे। ऐसे दिनों में उनका बैठना शर्मा जी

की बैठक या मित्तल जी के बाहरी कमरे में होता था। कभी-कभी अदरक पड़ी गर्म चाय भी अपनी फर्ज अदायगी जरूरी समझकर हाजिर हो जाती थी।

ढाल पर सावधानी से रखे जाने वाले कदमों से एक शख्स बढ़ने लगा। वह उसी गली में अंदर धंसकर रहता था। उसके आने-जाने के दो रास्ते थे, एक तो उसी गली के मुहाने वाले से, दूसरा गली में छोर के ऐन करीब उपसड़क को जोड़ने वाली निकासनुमा जगह से। मुहाने वाले रास्ते से उसका गुजरना कम होता था, लेकिन बहुत ज्यादा कम भी नहीं।

"आज आप बस दो ही हैं। पानी जो देर से रुका। आप सबको बैठा देखकर अच्छा लगता है। पढ़े-लिखे संस्कारी लोगों का उठना-बैठना अलग किस्म का होता है। आप ज्ञान और समझदारी की बातें करते होंगे। अनपढ़, असंस्कारी लोग सड़क की पटरी या चबूतरिया पर बैठकर ताश, शतरंज, नौबाग्घा खेलते हैं या बेमतलब की पंचायत करते हैं।"

ऐसा कहने वाले का नाम दाताराम था। उसकी पूरी दस इंच लटकी दाढ़ी थी। सिर पर थी गांठ लगी खूंटी बराबर चोटी। दाढ़ी और सिर के तीन-चौथाई सफेद बालों से वह पैंसठ-सत्तर का लगता था। अगर दाढ़ी सफाचट करा दी जाती तो उम्र बीस वर्ष कम हो जाती जो वास्तविकता के निकट थी। उसके कालर और चेहरे की हड्डियां उभरी हुई थीं। जिस्म पर जरूरत लायक ही गोश्त था।

"सेठ शंकरलाल की कार पर दूसरा ड्राइवर देखा है। मुसलमान है।" शर्मा जी बात को दूसरे मुद्दे पर खींच ले गए।

"मेरे बाद वह दूसरा नहीं चौथा ड्राइवर है। एक को पीने की आदत थी। एक मोटे शीशे का चश्मा लगाता था। रात में सड़क का गड्ढा, स्पीडब्रेकर देखने में अकसर गड़बड़ा जाता था। एक ड्यूटी का पाबंद नहीं था। सेठ जी आदमी भेजकर मुझे ड्यूटी संभालने के लिए कहलवा चुके हैं। पिछले सोमवार को सेठ जी ने मुझे देख लिया। बोले, हम लोगों को कोई और ड्राइवर पसंद आता नहीं। तुम्हारा काम और व्यवहार एकदम सौ टंच का। पैसे बढ़ा दूंगा। कार सेठ जी का भतीजा चला रहा था। उसने भी पैसे बढ़ा देने की बात कही। मैंने कहा कि पैसे की बात नहीं। बेटे ने मना किया है—बाबू, बहुत गाड़ी चला चुके। अब ड्राइवरी को राम-राम कहो। बहू भी अब ऐसा कहती है कि आपको कोई काम नहीं करना है। आराम करूं!"

"मेरा तो मानना है कि बाप को बेटे के आश्रय में पूरी तरह दंडवत् नहीं

हो जाना चाहिए। बेटे की निगाह कभी भी बदल सकती है। बदलती है। तब बाप हो गया कटी पतंग। दूसरे, खाली पड़े-पड़े लोहे में भी जंग लग जाती है।"

"शर्मा जी सही कह रहे हैं," मित्तल जी ने टीप लगाई।

"मैं नहर पार के ग्वाले के यहां से दूध लेने जाता हूं। दूध दो रुपए सस्ता भी है और सामने का काढ़ा हुआ प्योर भी मिल जाता है। सौदा सुलुफ, सब्जी लेने बाजार जाता हूं। घर-गृहस्थी के बीसियों बाहरी काम करने को होते हैं। भगवान से जुड़ी कोई कथा डेढ़-दो मील पर भी हो रही हो, यह दाताराम सुनने जरूर जाता है और पैदल ही।"

दाताराम चलने को हुआ तो शर्मा जी ने रोका, "दाताराम, आज मगरे आएगा नहीं। तुम ही दोनों कुरसियां अंदर रख दो।"

दाताराम ने कुरसियां अंदर डाल दीं।

तीन साल पहले की बात है। दाताराम गली में मुहाने वाले रास्ते से ही दाखिल हुआ था। ऐसा उसने पहले से तय कर रखा था। शाम उतर चुकी थी। नीम के नीचे कुरसियों पर वे चारों आसीन थे। वह ढाल पर चढ़कर उनके सामने खड़ा हो गया। इससे पहले वह उनसे इस तरह कभी रूबरू न हुआ था। कभी कोई कहीं दीख जाता था तो राम-राम कर लेता था। उसने चेहरे पर मुस्कान फैलाकर उनको खुशखबरी सुनाई, "आप सबके आशीर्वाद और भगवान की कृपा से मेरा लड़का बैंक में क्लर्क की पोस्ट पर चुन लिया गया है। मेरा लड़का पढ़ने में बहुत तेज है। हाईस्कूल में फर्स्ट आया था। बी. ए. में भी वह फर्स्ट पास हुआ था।"

"लड़के का नाम क्या है?"

"शिवराम।"

"चलो, बेटा तुम्हारे लिए अच्छे दिन ले आया। दिन बहुर गए।"

"भगवान की कृपा रही और आप जैसे भले लोगों का आशीर्वाद।"

"लेकिन दाताराम पांव हवा में न रखकर जमीन पर ही रखना। लड़का बैंक में क्लर्क हो गया। यह मानकर चलना कि लड़का क्लर्क हुआ है तुम नहीं। तुम ड्राइवरी वाले अपने पेशे को पकड़े रहना," प्रिंसिपल शर्मा ने कहा।

"सो बेटे ने अल्टीमेटम दे दिया है, बाबू, आपको एक महीने में ड्राइवरी छोड़ देनी है। मेरी पगार से मजे में काम चल जाएगा।"

तीन माह बाद दाताराम वहां फिर उपस्थित था। बताया कि लड़के की

बैंक ऑफ इंडिया में तैनाती हो गई है। अपने शहर में ही। वह मंगल के उस दिन हनुमान मंदिर में प्रसाद चढ़ाकर आया था।

"तुमने अपनी ड्राइवरी के बारे में क्या सोचा है?" शर्मा जी ने प्रसाद ग्रहण करते हुए पूछा।

"मैं अगले महीने छोड़ रहा हूं। सेठ जी से कह दिया है, इस बीच अपना दूसरा इंतजाम कर लें।"

"छोड़ना नासमझी होगी," शर्मा जी ने अपनी पहली राय को दोहराया।

दो साल बाद दाताराम ने एक और बड़ी खुशखबरी लाकर पटक दी कि उसके लड़के ने बैंक की अफसरी के वास्ते इम्तहान दिया था, पास हो गया। यह भी बताया कि उसकी मां बेटे से कहती है कि विवाह के लिए अब तो खूब ऊंचे पैसे वाले घरों से रिश्ते आएंगे। बेटा कहता है, नहीं अम्मा, ब्याह करूंगा तो अपनी जैसी हैसियत वाले घर की लड़की से। ऊंचे, पैसे वाले घरों की लड़की के ऊंचे पैसे वाले घरों जैसे ठसके, मिजाज होंगे। हम संभाल नहीं पाएंगे। अपने जैसे घरों की लड़कियों का स्वभाव, रहन-सहन मोटे धागों में मोटे धागे का मिलान होगा।

दाताराम ने सिटी मजिस्ट्रेट के ड्राइवर की बेटी से बेटे का रिश्ता तय कर दिया। अगले लगाए फेरे में जानकारी देते हुए बताया कि लड़की सिनेमा की ऐक्ट्रेस जैसी खूबसूरत तो नहीं है, लेकिन एम. ए. तक पढ़ी है। दसवें से सोलह दर्जे तक अच्छे नंबरों से पास हुई है।

"दाताराम, मेरी मानो तुम संन्यास ले लो," शर्मा जी ने चुटकी ली।

दाताराम शर्मीली हंसी हंस दिया।

दाताराम ने उनको विवाह का निमंत्रण-पत्र दिया। वे शामिल नहीं हुए। उसने स्वयं उपस्थित होकर मिठाई देने का दस्तूर निभाया।

दाताराम के बेटे का ट्रांसफर दूसरे शहर में हो गया।

पेड़ के नीचे एक कुरसी खाली थी। दाताराम ने कुरसी पर बैठकर अपनी पत्नी की मजेदार सोच सुनाई, "मेरी औरत कहती है हम अपने शिब्बू के पास रहने नहीं जाएंगे। शिब्बू अफसर हो गया है। उसके दोस्त घर पर मिलने आएंगे, मैं नाड़ा लटका घुटन्ना और फटी बनियान पहने मौजूद रहूंगा। शिब्बू और बहू की हेठी होगी।" वक्फा। वक्फा नहीं, "हमारी समधिन की भी बिलकुल ऐसी सोच है। वह बहू के पापा से कहती है, तुम सोचो कि महीना, दो महीना चल के बेटी-जमाई के पास रह लें तो यह नहीं होगा। तुम वहां

भी जमाई से मिलने आने वालों से 'समझे, समझे' की टेक लगाए बातें करोगे और चाय सुड़क-सुड़ककर पीओगे।"

वे हंसने लगे।

"शिब्बू जाते हुए बैंक में खाता खुलवा गया है। हर माह मेरे खाते में वहां से रुपया जमा करा देगा। पांच हजार नकद दे गया है।"

"दाताराम, तुम शराब पीकर मस्त रहा करो," शर्मा जी ने इस बार उससे शराब की बात कही।

"शराब और दाताराम? तौबा-तौबा। मैंने शराब छुई तक नहीं। बापजान ने ट्रक की ड्राइवरी करते हुए भी शराब छुई नहीं। ट्रक चलाने वाले सौ ड्राइवरों में से पंचानबे शराब पीते हैं।"

शर्मा जी इसके बाद जो बोले वह यह था, "हमने तुम्हारी सुन ली। अब हम लोग अपनी जरूरी बातें करेंगे।"

दाताराम चला आया।

दाताराम जानता था कि वे लोग उसका आकर गुफ्तगू करना नापसंद करते हैं। तिरस्कार तक जता देते हैं। उसमें लेकिन कभी-कभी उनसे बतियाने की इच्छा इतनी प्रबल हो जाती थी कि वह उनके करीब आने से स्वयं को रोक नहीं पाता था।

चार

उस दिन शर्मा जी कुछ जल्द जाग गए थे। जागना मशीनी क्रिया नहीं है कि एकदम निर्धारित फीड किए गए समय पर आंख खुलना ही खुलना है। पाव, आध घंटे का फर्क इधर-उधर पड़ना स्वाभाविक है। मौसम तथा अन्य स्थितियां भी फर्क के कारक होते हैं। शर्मा जी ने मुंह धोया, ताम्र पात्र में रखा पानी पिया और अंदर से लगा ताला अलग कर बाहरी दरवाजे को खोल दिया। दरवाजा पुनः कुंडी के सहारे बंद करने से पहले वह बाहर निकलकर इधर-उधर देखते हैं, गरदन घुमा-घुमाकर। यह उनकी आदत में शुमार है। उजास थोड़ी-थोड़ी फूट आई थी और चीजें आंख टिकाने पर नजर की जद में आ जाती थीं। पीछे की ओर से एक आकृति आगे बढ़ रही थी। आकृति आधे-अधूरे पहनावे में आदमी की थी। हाथ में बोतल थी। वह समझ गए कि उसकी उपस्थिति उधर क्यों थी। फिर भी सामने आने पर पूछा, "इधर कैसे?"

"झाड़ा फिरने आयो थो। बगल ओर रिस्तेदारी में रात रुकनो पड़ो थो। पेट गड़बड़ायो, चलो आयो।"

"चलो आयो? वीरान नहीं, इधर हम शरीफ लोग रहते हैं और तू गू ढीला करने चला आया। कुत्ते, सूअर, पाखाने की गंध पाकर छीछालेदर करते हैं।"

"आपकू इतराज है, आगे से नाहीं आऊंगा।"

"पहले भी तू आया था?"

"झूठे नाहीं बोलूंगा। इक बार अउरे भी आयो थो।"

"लगता तूने इसे बमपुलिस मान लिया है। बोतल पकड़ी और निपट लिया। फोन कर पुलिस बुलाता हूं।"

"अब आगे से नाहीं आऊंगा। गलती हुइ गई। कान पकड़ हूं।"

चंद माह पहले उन्होंने एक और शख्स को सुबह के झुटपुटे में इसी इरादे से मैदान पर बढ़ते देखा था। उन्होंने उसे डपटा था। वह दो-चार मिनट तक अपनी जगह पर जमा रहा था। बड़बड़ भी की थी। फिर चला गया था।

शाम की उस बैठकी में झाड़ा फिरने आए उस आदमी का तजकिरा था। इंस्पेक्टर दीनदयाल बैठकी में देर से पहुंचे थे। तजकिरा की पूंछ उनके हाथ आई

थी। पूंछ पकड़े-पकड़े पूछा, "शर्मा जी, आपने उससे उठा-बैठक भी कराई?"

"मैंने कहा, खाली कान पकड़ने से काम नहीं चलेगा। बीस बार उठो-बैठो। दस बार उठक-बैठक के बाद बोला कि उसकी कमर में दर्द रहता है, बढ़ जाएगा। वह रिक्शा खींचता है। मैंने कहा कि उठक-बैठक की भरपाई दस बार अपने हाथों से अपने मुंह पर तमाचा मारकर करो। वैसा करा लेने के बाद ही मैंने उसे छोड़ा।"

"आप प्रिंसिपल रहे हैं। सजा देने के तरीके जानते हैं।"

"आगे से वह खुद भी आने से तोबा करेगा, साथी रिक्शे वालों को भी मना करेगा।"

शर्मा जी ने ऐसा कहकर बगल में बैठे अपने पड़ोसी की ओर इशारा किया, "मित्तल भाई साहब ने मैदान की चौकसी का पूरा जिम्मा मुझ पर डाल दिया है।"

"मित्तल जी ने देश से अंग्रेजों को भगाकर अपनी जिम्मेदारी निभाई है। क्या काफी नहीं है?" रायजादा साहब ने हंसते हुए कहा।

"आजाद मुल्क का बाशिंदा बन चौड़ा सीना फुलाकर सांस ले रहे हैं। लगता इसे भूल गए हैं।" मित्तल जी ने हंसी को गाढ़ा किया।

उस मैदान का मालिक एक अच्छा खाता-पीता मुसलमान था। कालीन में इस्तेमाल होने वाले ऊन का धंधा करता था। रंगे गए ऊन की लच्छियां मैदान में सूखती थीं व पुराने उधड़े, कीड़ी का स्वाद बनी कालीनों की जरूरत के मुताबिक मरम्मत या रफूगीरी होती थी। उसके दोनों लड़के व भाई इसी कारोबार के सिलसिले में इंग्लैंड में थे। वहां कारोबार जम चुका था। उनके जोर देने पर अपना काम समेटकर वह भी इंग्लैंड चला गया था। मुल्क बंटने की सरगर्मियां तेज थीं। मैदान के मालिक अहमद बख्श के एक करीबी रिश्तेदार ने मैदान को लकड़ी की टाल डालने के वास्ते अपनी ही बिरादरी के एक जरूरतमंद को दे दिया। मुल्क का बंटवारा होने पर अहमद बख्श का रिश्तेदार पाकिस्तान चला गया। उधर अहमद बख्श की इंग्लैंड में एक दुर्घटना में मौत हो गई। प्रिंसिपल शर्मा ने कुछ वक्त गुजर जाने के बाद उस ठेकी वाले को हड़काया कि वह यहां किस हैसियत से धंधा करता है। उसके पास कोई किरायानामा नहीं है, न अहमद बख्श के रिश्तेदार को दूसरे की जमीन किराए पर उठाने का कानूनन हक था। हड़काने में यह भी शामिल था कि शहर का माहौल बिगड़ा हुआ है। किसी ने रात-बिरात ठेकी में लूका, फतिंगा वगैरह कुछ फेंक दिया तो लगी आग से जान-माल का नुकसान होने

पर वह भी उसकी लपेट में आ जाएगा। ऐसा कई दफा हड़काने पर ठेकी वाले ने ठेकी हटा ली।

कुछ ही वक्त बीता होगा कि मुहाने पार रहने वाले अहीर ने मैदान के पिछले हिस्से में पहले भैंस के पड़वा, पड़वी को बांधना शुरू किया, फिर दो-एक दूध देना बंद कर चुकी भैंस। शर्मा जी ने टोका, "गोबर की गंध उठती है। मच्छर भी बढ़ गए। यहां जानवर बंधना सही नहीं। अपने ठिकाने पर बांधो।"

अहीर का मझला लड़का हेकड़ टाइप का था। टोकने पर उनकी ओर घूरता और बिला जवाब दिए चला जाता। कभी जवाब भी देता तो इस तरह के–

"जानवर पीछे की तरफ बांधता हूं।"

"गोबर पड़ा नहीं रहता है। उठवा देता हूं।"

"जबरदस्ती की आपकी यह पच्चड़बाजी है।"

"मास्टर जी, ज्यादा खर्चा नहीं है। मच्छर मार दवा ले आइए। गुलाबजल की बोतल भी महंगी नहीं है।"

"आप तो इस तरह पेश आ रहे हैं जैसे विलायत जाते हुए मियां साहब जमीन का रुक्का आपके नाम लिख गए हों।"

शर्मा जी ने गोपाल के पिता से नजर आ जाने पर गोबर की गंध, मच्छर व दूसरी परेशानियों की बात कही। गोपाल के बेहूदा जवाबों की शिकायत भी।

"मास्टर जी, गरम खून है। उसकी बदजुबानी के लिए मैं क्षमा मांगता हूं। समझा दूंगा। रही जानवरों के बंधने की बात तो दो-चार पुरानी भैंसों को बेचना है। कम हो जाने पर भैंसें बखरी में बंधने लगेंगी। नांदी-सानी करने में वहां थोड़ी आराम है। मैदान में धुर पिछवाड़े बंधती हैं।"

गर्मियां शुरू हो चुकी थीं। जानवर रात में बंधने लगे थे।

एक सुबह दो भैंस मरी पाई गईं। हफ्ता-दस दिन में एक बियाने वाली थी। आठ-दस सेर दूध की भैंस थी। दूसरी भी हरी हो चुकी थी।

शर्मा जी दो दिन पहले से ही रिश्तेदारी में गए हुए थे। मित्तल जी पर शक की सूई इसलिए नहीं टिकती थी क्योंकि उन्होंने दो-तीन बार ही एतराज जताया था, वह भी नरम ढंग से और शर्मा जी के एतराज को बाजिब ठहराते हुए।

शर्मा जी के उस रात शहर में न होने पर भी भैंसों के मरने के पीछे उनका हाथ माना गया। घुमा-फिराकर भी और सीधे-सीधे भी उनकी कोसाकाटी की गई। उनके लिए जली-फुंकी बकी गईं। शर्मा जी अपने संपर्क में आने वालों से अपनी अनुपस्थिति के बारे में बताने के साथ ऐसा मुमकिन

होना भी बताते कि सांप के डसने से भी जानवर मर जाता है, कि एक ही धंधा करने वालों के बीच ईर्ष्या-डाह रहता है, कि कोई अंधेरे में किसी खुन्नस को निकालने के लिए माहुर खिला गया होगा। ये मुमकिनात बताने के बाद वह कहते, "असली गलती तो गोपाल, उसके घर वालों की है। रात में खुले में कीमती जानवर बांधना ही नहीं चाहिए था।"

मैदान में जानवर बंधना बंद हो गया था।

आठ-दस दिन पहले दाताराम ने बैठकी में पहुंचकर कहा था, "मैंने सुना, मियां साहब का बड़ा साहबजादा लंदन से आने वाला है। उसकी जमीन-जायदाद यहां जो है।"

"तुमने सुना होगा। मुझे तो किसी ने ऐसा नहीं बताया," शर्मा जी तुर्शजदा आवाज में बोले।

मित्तल व रायजादा ने भी उस खबर को अफवाह बताया।

"मेरे बेटे शिब्बू को बैंक से लोन मिल जाएगा। उसने कहा आसपास कोई अच्छी जगह हो तो ज्यादा सही रहेगा। जो जमीन एकदम पाक-साफ बिला झंझट वाली होगी, मैं तो उसी को खरीदूंगा।"

"इसी में समझदारी है। जमीन पाक-साफ और बिला झंझट-झमेले वाली होनी चाहिए," शर्मा जी ने उसकी सोच पर ठप्पा लगाया।

एक बैठकी में शर्मा जी ने आवाज का वॉल्यूम काफी नीचा करते हुए रायजादा साहब से कहा, "आप बताते थे कि अहमद बख्श ने जमीन की कई खरीद-फरोख्त की हैं। सब-रजिस्ट्रार ऑफिस के रिकॉर्ड में उसके दस्तखत होंगे। उन दस्तखतों की बिना पर इस मैदान का कोई कागज तैयार करवा लीजिए।"

"मैंने सुना है कचहरी में दूसरों के हूबहू असल दस्तखत बना लेने वाले दो-चार उस्ताद रहते हैं।" मित्तल जी ने उस कहे में जोड़ा। इस जोड़ने में यह भी जोड़ा, "चार सौ बीसी वाले काम के मैं पक्ष में नहीं हूं, मगर-मगर मैदान गलत हाथों में नहीं जाना चाहिए।"

रायजादा ने आवाज के वॉल्यूम को और नीचा कर कहा, "मुझे इसकी फिक्र है। मेरे दिमाग में अपने नाना के नाम जमीन की देखरेख, इंतजाम करने का मुख्तारनामा तैयार करवाने का विचार है। अहमद बख्श अपना सारा जमीन-जायदाद की लिखा-पढ़ी का काम नाना से करवाते थे। तैयार कराए मुख्तारनामा की चूंकि अब रजिस्ट्री हो नहीं सकती, कानून की नजर में उस सादे कागज की कोई वकत नहीं होगी। हां, दूसरों को उसकी मदद से हड़काया जरूर जा सकता है।"

पांच

बैठकी...। बैठकी का सिलसिला जारी था। छोटे-मोटे व्यवधान व्यवधान नहीं बनते थे।

उस दिन शर्मा जी बाहर थोड़ा जल्द आ गए थे। टीवी सुबह से नखरा कर रहा था। चलते-चलते रुक जाता था। डोरी हिलाने पर फिर चलने लगता था। कुछ समय पहले उन्होंने स्विच को खोला था। अंदर एक तार लूज था। डिफेक्ट खोज लेने और सही कर देने की अपनी क्षमता का सुख था। यह सुख उन्हें बाहर ठेल लाया था। मगरे कुरसियां डाल गया था।

मित्तल जी अपने घर के बाहर डेढ़ मीटर चौड़ी पट्टी पर लगे फूल व फूल प्रजाति के पौधों को सिंचित कर रहे थे। पट्टी जालीदार तार के बाड़े से सुरक्षित की गई थी। पट्टी मैदान की जमीन पर थी, अतिक्रमण कर कब्जाई हुई। शर्मा जी ने भी अपने दरवाजे और खिड़कियों को बारिश, ताप से बचाने की खातिर लगभग इतने ही चौड़े टीन का सायबान खड़ा कर सुरक्षित कर रखा था। सायबान भी मैदान की जमीन पर अतिक्रमित था।

मित्तल जी भी काम निपटाकर बैठकी के स्थान पर पहुंच गए थे।

शर्मा जी के दिमाग में टीवी पर आई खबर थी, "आपने भी यह समाचार सुना होगा कि केंद्र सरकार ने अपने कर्मचारियों का डीए (महंगाई भत्ता) छह परसेंट बढ़ा दिया है।"

"हां, सुना है। अपनी यूपी सरकार भी दो-एक माह में अपने कर्मचारियों का इतना ही डीए बढ़ाने की घोषणा कर देगी।"

"आपको दोनों सरकार द्वारा बढ़ाए गए डीए का लाभ होगा जबकि मुझे केवल एक का, यूपी सरकार वाला।"

मित्तल जी को स्वतंत्रता सेनानी होने के नाते दोनों सरकारों द्वारा अपनी-अपनी दी जाने वाली पेंशन राशि पर डीए मिलता था जबकि शर्मा जी को यूपी सरकार का।

"आपकी पेंशन अब बढ़कर पच्चीस हजार से ऊपर हो जाएगी। मेरी

पेंशन महज चौदह हजार के आसपास बनेगी। आपने सिर्फ छह माह से कुछ ऊपर की सजा काटी थी जबकि मैंने टीचर और प्रिंसिपल की नौकरी से मिली पूरे सत्ताईस साल की सजा को काटा है।"

मित्तल जी चमक छोड़ती मुस्कान मुस्करा दिए, "मेरी सजा असली थी जबकि आपकी नकली, जबरदस्ती की गढ़ी हुई।"

बातों में रस था। दोनों उसका मजा ले रहे थे। बात परखी जा रही थी।

"मित्तल जी, आपने कभी पहले बताया था कि सन् बयालीस में जब आप गिरफ्तार किए गए थे, आप मिशन हाईस्कूल में कक्षा नौ के विद्यार्थी थे। उस वक्त आपकी उम्र चौदह-पंद्रह साल की थी। यह उम्र नासमझी की उम्र होती है।"

"नासमझी की उम्र में जो अच्छे और सही काम हो जाते हैं वे समझदारी वाली उम्र में नहीं होते हैं। सन् 1976-77 की इमरजेंसी के दौरान भी गिरफ्तारियां हुई थीं। बाद में उस दौरान जो बंदे जेल में कैद रखे गए थे, उनको भी स्वतंत्रता सेनानी मानकर पेंशन दी जा रही है। शर्मा जी, आप समझदारी वाली उम्र में भी चूक गए। मौका खो दिया।"

"मैं इंदिरा गांधी और उनके सुपुत्र संजय गांधी की ज्यादतियों, उनके हिटलरी रवैये के विरोध में कुछ बोलता-कहता तो पहली गाज मेरी नौकरी पर गिरती।"

"मुझे भी अभिव्यक्ति की स्वतंत्रता छिन जाने का गुस्सा था, लेकिन मैं उस गुस्से को पी गया था। उस गुस्से को सामने लाने में मुझे भी डर लगा था। तब मैं समझदार जो हो गया था।" मित्तल जी नासमझदारी का गुणा-भाग बताकर हंस दिए थे।

एक किंचित् लंबा विराम।

"बैकुंठनाथ जी," इस बार शर्मा जी ने मित्तल जी का पूरा नाम लिया, "उस जमाने में आंदोलनकारी खल्क खुदा वाला नारा लगाते थे।"

"जब जनता के बीच किसी संदेश का ऐलान करना होता था तो पहले खल्क खुदा का, मुल्क हिंदुस्तानियों का, हुक्म कांग्रेस कमेटी का कहते थे। 9 अगस्त की सुबह रेडियो पर यह समाचार आया था कि बंबई में कांग्रेस के बड़े नेताओं की गिरफ्तारियां हुई हैं। समाचार सुनकर जिला कांग्रेस के दो वालंटियर एक इक्के पर सवार होकर उस समाचार की जानकारी जनता को देने सड़क पर निकल पड़े। मुझसे दो साल छोटा भाई सुरेंद्रनाथ भी इक्के पर

कूदकर चढ़ गया था। उसने हाथ में पीतल का छोटा घंटा जैसा स्कूल में बजाया जाता है, पकड़ रखा था। इक्के पर सवार वालंटियर पहले खल्क खुदा का, मुल्क हिंदुस्तानियों का वाला सिरनामा बुलंद आवाज में कहते थे, फिर आगे संदेश सुनाते थे, 'भाइयो, अंग्रेजी सरकार ने बंबई में कांग्रेस समिति के सभी सदस्यों को गिरफ्तार कर लिया है। गांधी जी, नेहरू जी भी गिरफ्तार हो गए हैं। कांग्रेस पार्टी ने भारत छोड़ो आंदोलन शुरू कर दिया है। भाइयो, बिरादरान, बाजार बंद करो।' मेरा भाई घंटा पीटकर बाजार बंद करो का संदेशा खूब जोर-जोर से कहता था।"

मित्तल जी अपनी वाली कारगुजारी की पटरी पर आ गए, "मैंने और मेरे दो साथियों ने रात में दीवारों, रास्तों पर 'अंग्रेजो भारत छोड़ो', 'नहीं रखनी जालिम सरकार', 'करो या मरो' के नारे लिखे। अगले दिन 10 अगस्त को स्कूल पहुंचकर छुट्टी हो जाने वाला घंटा बजा दिया। बाहर अहाते में निकल आए छात्र जुलूस की शक्ल में सड़क पर बढ़ चले। मैं और मेरा एक साथी जुलूस का नेतृत्व कर रहे थे। दूसरे स्कूलों के छात्र भी समाचार पाते ही सड़क पर आ गए थे। दो-ढाई हजार छात्रों का हुजूम व बड़ी संख्या में दूसरे लोग थाना सदर बाजार के सामने जमा हो गए। रात में पुलिस ने घरों से चुन-चुनकर गिरफ्तारियां की हैं, ऐसा पता लगते ही हम मांग करने लगे कि हमारे नेताओं को छोड़ा जाए वरना हम थाने का घिराव करते रहेंगे।" मित्तल जी रौ पकड़ चुके थे। पिछला घटा आंखों के सामने एकदम साफ था, "थाने पर अतिरिक्त पुलिस बुला ली गई थी। पुलिस ने बेरहमी से लाठी चार्ज कर दिया। कइयों को खासी चोटें आई थीं। गिरफ्तारियां भी हुई थीं। मेरी भी। शर्मा जी, आप तो जानते ही होंगे कि मेरे पिता पहलवानी करते थे। मैं भी अख़ाड़े जाता था और डंड-बैठकें लगाता था। मेरी सेहत फर्स्ट क्लास थी। मेरी मसें भी भीग चली थीं। मैं अपनी वास्तविक उम्र से बड़ा लगता था। मेरे छोटे भाई की देह भी निखरी हुई थी। वह एक दिन पहले ही घंटा बजाकर बाजार बंद करो का ऐलान करते हुए पकड़ लिया गया था। पुलिस ने इक्का रोककर जब उस पर बैठे दोनों वालंटियरों को पकड़ा तो भाई उनके आगे आ गया, 'पहले मैं गिरफ्तारी दूंगा।'"

"आप दोनों का आंदोलन में जो रोल था, उसको देखते हुए पुलिस को आप दोनों भाइयों को गिरफ्तार करना ही करना था।"

"हमें जेल में बंद कर दिया गया। हम पर मुकदमा चला। छोटे भाई की

चार माह की सजा हुई थी, मेरी छह माह की। सौ रुपया मुझ पर जुर्माना भी ठोंका गया था। जुर्माना अदा न करने पर मुझे पंद्रह दिन की सजा और काटनी पड़ी थी।"

शर्मा जी पहले मुस्कराए, फिर पूछा, "क्या आपको इलहाम हो गया था कि भविष्य में केंद्र सरकार अपनी ओर से उन्हीं स्वतंत्रता सेनानियों को पेंशन देगी जिन्होंने छह माह या उससे अधिक की सजा काटी है?"

मित्तल जी की मुस्कराहट मूंछ की पट्टी तक थिरक आई, "महान् कार्यों के प्रति समर्पित आत्माओं को इलहाम हो ही जाता है।" थिरकन को विदा किया, "यह तो सत्ता की बागडोर संभाले नेताओं का कर्तव्य था कि जिन जुनूनियों ने देश की आजादी दिलवाई, उसकी खातिर घोर कष्ट सहे, जेल गए, उनके भरण-पोषण, कल्याण की चिंता करें।"

वहां रायजादा साहब भी आ गए थे। बातचीत की दिशा देखकर बोले, "लगता आज का एजेंडा आजादी के पुराने दिन हैं।" खुद भी फिर इस एजेंडे से जुड़ गए।

"मित्तल भाई, बगल के मोहल्ले में गंगाधर पुरोहित के बाहरी हिस्से में साठ-पैंसठ की उम्र के विष्णु भारतीय नाम के एक सज्जन रहते थे। मोटी खादी का कुर्ता-धोती पहनते थे। सिर पर खूंट बराबर बाल रखते थे। ऊंची नाक वाला सफाचट लंबा चेहरा था। सुना कि उन्होंने भी आजादी की लड़ाई में जेल काटी थी। अपने अंतिम दिनों में वह पगला गए थे। नंगी तलवार कंधे पर रखे आसपास घूमा करते थे। शर्मा जी, आपने भी उनको इस हालत में देखा होगा।"

मित्तल ने जानकारी जुटाई, "उनका पूरा नाम विष्णु स्वरूप था। आजादी की लड़ाई से जुड़े लोग अपने नाम के आगे भारतीय या विद्रोही या इंकलाबी या आजाद जैसे शब्द जोड़ लेते थे। सन् बयालीस से दस-ग्यारह वर्ष पहले की बात है, शायद 1931 की। मैंने पुराने आंदोलनकारियों से सुना है, इधर-उधर पढ़ा भी है, कि अजीजगंज वाली धर्मशाला में बम फटा था। सुदामा प्रसाद, जिन्होंने अपने नाम से बाद में सुदामा प्रसाद स्कूल खोला था, उनकी पोटली में बम था। पेट के दबाव से फारिग होने के लिए वह पास के मैदान में चले गए थे। एक बंदर पोटली उठाकर पेड़ पर चढ़ गया। खाने के सामान की गंध की बजाय जब बंदर ने तीखी बदबूदार गंध सूंघी तो पोटली नीचे गिरा दी। तेज धमाके के साथ बम फट गया। शहर में उन दिनों क्रांतिकारी गतिविधियां

उफान पर थीं। काकोरी कांड हो चुका था। मैनपुरी कांड में भी यहां के लोग शामिल थे। पुलिस ने सुदामा प्रसाद को तो फौरन पकड़ ही लिया, इस बम के इरादे और उस इरादे में शामिल पांच-छह दूसरे लोगों को भी चीन्ह लिया। विष्णु भारतीय और एक अन्य भारतीय देव नारायण को गिरफ्तार कर लिया गया था। बम किन्हीं कपूर साहब को मारने के इरादे से तैयार किया गया था। कपूर साहब अंग्रेजी हुकूमत के खैरख्वाह थे और आजादी से जुड़ी हलचलों के बारे में प्रशासन को जानकारी मुहैया कराते थे। मुकदमा चलने पर दोनों भारतीय छोड़ दिए गए। घटना के समय एक दूसरे मामले में वे पहले से ही जेल में बंद थे। विष्णु स्वरूप का कोई परिवार नहीं था। तन्हा थे। ब्राह्मण होने के नाते गंगाधर पुरोहित ने उनको आश्रय दे दिया था। विष्णु स्वरूप को अपनी इस स्थिति से गहरी पीड़ा थी कि स्वतंत्रता सेनानी होते हुए भी समाज में उनको पहचान मिल नहीं रही है। सांस्कृतिक, राजनीतिक आयोजनों में उनको मंच पर नहीं बैठाया जाता है। उनके दिमाग पर इसका बुरा असर हुआ था। अगर कोई मामूली से आयोजन में उनको अध्यक्ष बनने का न्योता देता था, उनको चिंता रहती थी कि उनके गले में दो-चार मालाएं पड़ें। वे दूसरों को पैसे देकर मालाएं मंगवा लेते थे। दो मौकों पर मुझसे पूछा था कि क्या मैं साथ में माला लाया हूं। एक बार दूसरे की माला मुझे दिलवाकर कहा था कि मैं पहनाऊंगा। माला पहनाकर मैं चरण स्पर्श भी करूंगा। वह पुरोहित जी के ठिकाने से कहीं चले गए थे। बेचारे गुमनामी की मौत मरे थे।"

रायजादा साहब ने उस एजेंडे में अपनी भागीदारी बनाए रखने के लिए उन डिस्ट्रिक्ट बोर्ड के चेयरमैन का नाम लिया जिन्होंने एक मुसलमान की खाली पड़ी कोठी को अपने नाम एलॉट करवा लिया और फिर कौड़ियों के मोल खरीदकर उसमें नए ढंग का होटल खुलवा दिया जिसे अब उनका बेटा चलाता है। इसी के साथ एक ताजा बने विधायक का नाम लिया जिन्होंने एक ईसाई के बंगले का एलॉटमेंट करवाकर मुकदमे को इतना लंबा खींचा कि ईसाई को बंगला उस विधायक के हाथ उनके द्वारा तजवीजे पैसे लेकर बेचना ही पड़ा। फिर ऐसे ही एक और स्वतंत्रता सेनानी से नेता बने का नाम लेकर उनके एक जायदाद को कब्जाने के बारे में कहा। शर्मा जी ने भी ऐसे दो नेताओं का जिक्र किया।

शर्मा जी ने मित्तल जी से पूछा, "आपने ऐसा मौका क्यों खो दिया? आपको भी घर के द्वारे बह रही गंगा में डुबकी लगाना चाहिए था।"

"मैंने पहलवानी की खातिर डंड-बैठकें खूब पेली थीं। पहलवानों की बुद्धि गुट्ठल हो जाती है।"

वे दोनों खुलकर हंसने लगे।

हंसी थमने पर रायजादा साहब ने जानना चाहा कि उनके कौन-कौन साथी जीवित हैं।

"शहर में मेरी जानकारी में अब कोई नहीं है। गांव-देहात में दो-एक हो सकते हैं।"

शर्मा जी ने कहा, "डंड-बैठकों का आपको फायदा हुआ तो है। नींव मजबूत हो तो इमारत वर्षों-वर्षों तक खड़ी रहती है।"

छह

व्यक्ति को ठीक से, बल्कि कहा जाए कि अधिक सही-सही और अधिक पूर्णता से जानना-समझना हो, तो उसे परिवार के परिप्रेक्ष्य में देखना निहायत जरूरी है। परिवार से उसके क्या रिश्ते हैं, वहां उसकी क्या भूमिका है, परिवार के प्रति दायित्वबोध का क्या प्रकार और स्वरूप है, यह सब उसको अपने-अपने तरीके से अनावृत्त करते हैं। चतुर्भुज शर्मा की चार संतानें थीं-पुत्री, पुत्र, फिर दो पुत्रियां। बड़ी पुत्री ग्राम प्रधान के पुत्र को ब्याही थी जिनके पास काफी खेती थी, ट्यूबवेल था, ट्रैक्टर था। प्रधान की मृत्यु के बाद दामाद के पास संयुक्त परिवार में हुए विभाजन पर काश्तकारी जमीन का पांचवां हिस्सा ही आया था, जो भी बहुत कम नहीं था। उसने आटा चक्की लगा ली थी। उसके अलावा डाबर, वैद्यनाथ, झंडू फार्मेसी की कई दवाएं रखकर वह वैद्यकी भी करने लगा था। उन्होंने उससे किसी आयुर्वेदिक संस्थान या किसी पुराने वैद्यराज से वैद्यकी प्रशिक्षण का प्रमाण-पत्र प्राप्त करने को कहा था। उसने बताया था कि उसके नाना प्रतिष्ठित वैद्य हैं और उसने वैसा कागज बनवा रखा है। बड़ी लड़की जब शर्मा जी के घर आती थी, उसकी कलाइयों में सोने के कड़े व गले में पंचलड़ी हार होता था। माथे पर बड़ी गोल बिंदी तथा मांग में मोटा सिंदूर रहने से वह एक अति सुखी, सफल गृहस्थिन दिखती थी।

मझली बेटी शहर में ब्याही थी। दामाद का कद काफी छोटा था, आंखें भी बटननुमा गोल-गोल थीं। वर का चुनाव फिर भी सही था। दामाद इंटर पास था। पिता का अकेला पुत्र था। पान, खैनी, सिगरेट इन जैसी लतों से कोसों दूर था। पिता की कॉलेज से चंद कदम के फासले पर पाठ्य सामग्री की बड़ी दुकान थी। पिता की सहायता के लिए वह भी उस पर बैठता था। पिता की अनुपस्थिति में व्यावसायिक चतुराई से काम संभालता था। अपना निजी मकान के अलावा एक और मकान था जो किराए पर उठा था। लड़की अपने दस साल के बेटे और आठ, छह साल की बेटियों के साथ दो-तीन माह में घर आ जाती थी। दो-तीन दिन टिक भी जाती थी। जाते हुए मां को कचरी,

पापड़, बड़ी व मिर्च, कटहल के अचार जैसे मदों का ऑर्डर पकड़ा जाती थी।

छोटी बेटी का रिश्ता बड़े दामाद ने कराया था। दामाद के मौसा का सगा भतीजा था। पास के जिले में इंटर कॉलेज में पढ़ाता था। नियुक्ति अस्थायी थी, किंतु आशा थी कि दो-तीन वर्षों में स्थायी हो जाएगी। कभी-कभी वह अपने गुरु महाराज के साथ हफ्ता-दस दिन चलने वाली भागवत कथा में भी सहयोगी बन जाता था। वह संगीत जानता था। स्वर मधुर और सधा हुआ था। बड़ी-बड़ी आंखें सहेजे सुंदर-सुगठित देहयष्टि थी। उसकी कही कथा अधिक चाव से सुनी जाती थी। वह अधिक प्रिय तथा स्वीकार्य था। गुरु महाराज की आज्ञा लेकर वह कथावाचन का कार्यक्रम स्वतंत्र रूप से करने लगा। मांग बढ़ने लगी। वह अपने नगर से बाहर भी जाने लगा। कथावाचन के प्रत्येक दिन तो आरती के समय फल, मिष्टान्न, मुद्रा का चढ़ावा चढ़ता ही था, समापन के दिन इसमें कई गुना वृद्धि हो जाती थी, विशेषकर मुद्रा में। इस चढ़ावे में वस्त्र, बासन भी शामिल रहते थे। आय की दृष्टि से यह पेशा अधिक समृद्धमय तो था ही, इसमें यश व सम्मान की प्राप्ति भी चमत्कारी थी। उसने इंटर कॉलेज की मास्टरी छोड़ दी। कथावाचक के पेशे को अपना लिया।

उसने ज्योतिष विद्या की भी कुछ पुस्तकें पढ़ डालीं, विशेष कर शारीरिक रेखाएं संबंधी सामुद्रिक की।

फिर हुआ यह कि एक सोहनी, सलोनी युवती उसके कथा आयोजनों में अग्रिम पंक्ति में बैठने लगी। उपस्थिति निरंतरता पकड़ती गई। वह आयोजन के बाद उससे वार्तालाप करने लगी। मेरे गृह को जूठन गिराकर पवित्र करिए महाराज जी जैसी उक्तियों से जलपान और भोजन के लिए आमंत्रित करने लगी। एक दिन दोपहरी भोजन के उपरांत युवती ने अपना हाथ आगे फैला दिया, "महाराज जी, मेरी हथेली की रेखाएं बांचकर मेरा भविष्य बताइए। संतान जोग है या नहीं?" पहल युवती ने की थी। वह न करती तो वह किसी दिन स्वयं करता। उसने ऊष्मामयी कोमलता से युवती की हथेली पकड़ ली। उसे आंखों के निकट ले आया। उसे देर तक निकट बनाए रहा। फिर दूसरी हथेली को ऊष्मा जगाती कोमलता से पकड़ लिया। उसे भी आंखों के निकट ले आया, "कई रेखाएं अभी दबी हुई हैं। व्यक्ति के पुण्य कर्मों से दबी रेखाएं उभरकर सही दिशा में आकार लेने लगती हैं।" उसने हथेली को चूम लिया, हस्त रेखाओं को आशीर्वाद।" फिर युवती की चिबुक को उठा दिया। फिर दोनों हाथ के सहारे चेहरा अपने चेहरे के करीब ले आया, "माथे की रेखाएं भी व्यक्ति के भविष्य को बांचने में सहायक बनती हैं।"

दोनों के शरीर में उन्माद राग बजने लगा था। बज रहा राग सुधबुध को थपकियां देने लगा। युवती का देवर, जो बगल के मकान में रहता था, व्याध बन प्रकट हो गया। भाई के घर में कथावाचक के बढ़ते आगमन से उसे कथावाचक की नीयत पर शक था। उसने हाथ छोड़ दिया, "स्साला लंपट, धूर्तराज। चंदन, तिलक, रामनामी गलपट्टा–संत के चोले में है राक्षस।" घर के बाहर खदेड़ते हुए उसने अपना स्वर मद्धिम कर दिया था। भाभी का चरित्र लपेट में आता था।

युवती के पति ने बढ़ी आयु में पहली पत्नी की मृत्यु के बाद दुबारा विवाह किया था। पति का व्यवसाय भी उसके लिए दूसरी माया थी। वह व्यवसाय के सिलसिले में बाहर जाता था। आढ़त की गद्‌दी के लिए सुबह निकलता था तो देर रात को लौटता था। दोपहर का भोजन अधिकतर गद्‌दी पर ही मंगवा लेता था।

देवर द्वारा कथावाचक को घर के बाहर निकालते हुए बरती गई सावधानी के बावजूद 'कुछ गलत है' बाहर छलक आया था। इस गलत को आसपास के लोग अपने–अपने तरीके से गढ़ने लगे और उस गढ़े गए को दूसरों के सामने पेश करने लगे। कथावाचक की साख पर बट्टा लग गया। उसके भागवत कथा के कार्यक्रमों में उपस्थिति कम होने लगी। कार्यक्रमों की संख्या भी ढलान पर आ गई।

कथावाचक की पत्नी ने जब पतिदेव इंटर कॉलेज की अध्यापकी से विरत होकर इस पेशे के प्रति रत हुआ था, पिता शर्मा जी से कहा था, "आपके जमाई बाबू को यह सोचना चाहिए था कि उन्होंने एम. ए. तक की पढ़ाई की है। कॉलेज की नौकरी बड़ा दिमाग रखने वाले ही पाते हैं।"

दो वर्ष बाद बोली थी, "आपके जमाई बाबू फैसला गलत नहीं लेते हैं।"

इस कांड के बाद पिता के पास आने पर बेटी ने कहा, "आपके जमाई बाबू बुलाने पर भक्त–भक्तिनियों के यहां जीमने जाते हैं। कभी किसी दूसरे ने इस तरह का लांछन नहीं लगाया। इसी धंधे में लगे दूसरे कथा कहने वालों ने उनकी शोहरत देखकर ईर्ष्या की जलन से ऐसी चाल चली है। बेचारे बहुत परेशान हैं, अति क्लेश है उन्हें।"

शर्मा जी ने दो मिनट आंख बंद कर सोचा। सलाह दी, जमाई बाबू से कहना वह शहर छोड़ दें। दूर दूसरे स्थान चले जाएं। बदनामी फैलती तो है बहुत तेजी से, सिमटने में बहुत समय लेती है।"

इस छोटी बेटी का पति गुजरात चला गया था। गुजरातियों, मारवाड़ियों

की छलछल करती धार्मिक प्रवृत्ति के बारे में उसने सुन रखा था। लगभग एक वर्ष तक उसने एक सुस्थापित कथावाचक के शिष्यत्व में कथावाचन में भागीदारी की। फिर यहां भी स्वतंत्र रूप से कथा कहने लगा था। पांच वर्षों में उसने एक धनवान भक्त की विगलित श्रद्धा के प्रवाह में एक पक्का आवास भी प्राप्त कर लिया था।

शर्मा जी, अर्थात् भूतपूर्व प्रिंसिपल शर्मा के पुत्र का नाम है जयवल्लभ शर्मा। शर्मा जी की हार्दिक इच्छा थी कि उनका पुत्र उनकी ही भांति शिक्षा के क्षेत्र में सुस्थापित हो। पढ़ाई में किंतु वह लचर-पचर था। बोर्ड की हाईस्कूल व इंटर की परीक्षाएं वह तभी लांघ पाया था जब आधे विषयों की उत्तर पुस्तिकाओं के गंतव्य का पता लगने पर परीक्षकों से अंक बढ़वाए गए थे। यों तो उन्होंने वैसी आशा छोड़ दी थी, फिर भी बी.ए. में दाखिला करा दिया था कि शायद वह ग्रेजुएट हो जाकर कोई ढंग की सरकारी नौकरी पा ले। वह पुत्र की ठस बुद्धि का कारण अपनी पत्नी में देखते थे। मां का सपाट चेहरा-मोहरा ही नहीं उसने उसकी सपाट बुद्धि भी पाई थी। पत्नी यों तो इस आरोप पर ज्यादातर खामोश रहती थी, लेकिन कभी जवाब में कह देती थी, "पढ़ाई में नहीं तो और कामों में तो होशियार है। बिगड़ी टोंटी तुरंत संभाल देता है। फ्यूज उड़ा हो तो तुरंत ढूंढ़कर बांध देता है। जिस बल्ब को तुम मरा कहकर उतार देते हो, उसके लटके तार को वह हिला-हिलाकर सही जगह बैठाकर जिंदा कर देता है। बाजार से सौदा लाने में भले ही तुम ठग जाओ, वह कभी नहीं ठगता है।" शर्मा जी के साढ़ू ठेकेदारी का काम करते थे। वह जयवल्लभ को अपने साथ लगाने के लिए बुला ले गए। जय ठेकेदारी के काम में महारत हासिल करने लगा, कुछ अधिक तेजी से।

ज्यादा समय नहीं गुजरा कि साढ़ू भाई शर्मा जी के पास आए। बोले, "भाई साहब, मैंने जय से कह दिया है, वह अपना काम अब अलग करे।"

"कोई खास बात?"

"हमारे अपने रिश्तों में खटास न आए इसीलिए।"

"उसको इतनी जल्द अलग करना फिर भी...!"

"दूरअंदेशी मैंने इसी में समझी।"

बेटे से भेंट होने पर जब उन्होंने उस बाबत पूछा, उत्तर था, "धूप, बारिश में बारह-बारह, चौदह-चौदह घंटे खटता हूं। कमाई में मुझे कायदे का अपना हिस्सा मिलना चाहिए कि नहीं? जब आदमी को अपना हिस्सा नहीं मिलता है तो वह हिस्सा पाने के लिए दूसरे तरीके तलाशता है।"

सार्वजनिक निर्माण विभाग के अधिशासी अभियंता का स्थानांतरण अन्य जनपद में हुआ था। वह उसे वहां बुला ले गए। सुसंयोग से चंद माह बाद नहर विभाग के बड़े अधिकारी भी वहीं तैनाती पर पहुंच गए। ठेकेदारी की फसल लहलहाने लगी।

एक ठेकेदार ने अपनी पुत्री के लिए उसे ही सुयोग्य वर माना।

चार साल बाद वह पत्नी और दो बच्चों के साथ एक सप्ताह के लिए घर आया था। वह ठेठ बरसात का मौसम था। साइट पर काम बंद था। शर्मा जी ने पाया कि बेटा नशा करता है।

"जय, तूने यह बुरी लत कैसे पाल ली?"

"पापा, यह बुरी नहीं अच्छी लत है। जो हजार, पांच सौ का नोट नहीं करता है, वह करिश्मा इंगलिश शराब की एक बॉटल करती है। एकाउंटेंट को पकड़ा दो, हफ्ते भर में चेक हाथ में आ जाता है। अफसर को बार वाले किसी बढ़िया होटल में खिला-पिला दो वह अपना हो जाता है। स्लिप अंदर भेजी नहीं कि फौरन बुलावा आ जाता है। मिस्त्री, मजदूरों को एक-एक पाउच पकड़ा दो, देर रात तक काम में खटने को तैयार रहते हैं।"

"इस घर का तो खयाल कर। यहां नशा करने से गुरेज किया कर।"

"पापा, शाम को दो पैग न लूं तो मुझे नींद नहीं आएगी। पहले आकाश के देवता सोमरस पीते थे कि नहीं। अब पृथ्वी के देवता पीते हैं।" जय अंतिम वाक्य टपकाकर ही-ही करने लगा।

"पापा जी," जय की पत्नी बोली, "इनके पास जो पुरानी बाइक थी, उसे निकालकर नई खरीदी है। कहते हैं जल्द जीप खरीदूंगा। बगैर जीप के यहां-वहां भागने में परेशानी होती है। आप और माता जी के आशीर्वाद से दो-एक साल में अपना मकान भी हो जाएगा।" पत्नी के मुखड़े पर पति के लिए कोई शिकायत न होकर प्रशंसा भाव लंबायमान था।

शर्मा जी के तीन खाते थे-एक कोऑपरेटिव बैंक में, एक अराष्ट्रीयकृत किंतु साख वाली बैंक में, एक पोस्टऑफिस में। इन सभी जगह अन्य बैंकों की तुलना में आधा या एक प्रतिशत ब्याज अधिक मिलता था। महीने में दो-एक चक्कर इन बैंकों के लगते थे। वह अपनी पेंशन सीधे ट्रेजरी से लेते थे। ट्रेजरी से लेने पर बढ़ा हुआ महंगाई भत्ता तुरंत पेंशन में शामिल हो जाता था या उसके बारे में पक्की सूचना प्राप्त हो जाती थी जबकि बैंक के माध्यम से पेंशन लेने में इस सब में अगले माह तक का समय लग जाता था। इन जगहों पर जाने पर डेढ़-दो घंटे का समय घर से बाहर का हो

जाता था। घर में चढ़ गई ऊब को झिटकने के लिए वह मैदान का चक्कर लगा लेते थे। चक्कर लगाते हुए वह रुक-रुककर निरीक्षण करते थे कि कहां-कहां झाड़-झंखाड़ नया जम गया है या पुराना किस दशा में है। कहां जमीन कंकरीली है, कहां अकंकरीली पर साफ है और कितनी। वह मैदान के नीचे उतर जाते। पांच-सात मिनट ठहरे रहकर गली वाली दिशा में बढ़ते और आधी-पौनी गली तक धंसकर लौट आते। लौटने का एक कारण यह भी होता कि रामबहोरन लाल मिल जाता। उनसे आधी उम्र का रामबहोरन बहुत बातूनी था। उसकी बीवी एक बुटीक में सिलाई का काम करती थी और कुशल कारीगरिन थी। रामबहोरन के पास ढेरों जानी-अनजानी सूचनाएं होती थीं जिनको वह एक-एक कर सुनाता, कभी-कभी दोहरा-दोहराकर। उससे वह तब तक जुड़े रहते जब तक कि वह किसी दूसरे के साथ न संलग्न हो जाता।

शर्मा जी अकसर पत्नी से नाराज हो जाते। नाराजगी के कारण बहुत मामूली या जबरदस्ती वाले किस्म के होते थे। मसलन, टट्टी साफ करने वाले मेहतर को पत्नी ने वर्षों पुरानी कमीज दे दी थी। उनका मानना था कि सर्दियों में वह उस कमीज को सोते समय पहन सकते थे। अगर देनी भी थी तो होली, दीवाली जैसे त्योहार में नेग की शक्ल में देती। गैस स्टोव पर चढ़ा दूध भगोने के बाहर बह आया था। पत्नी इसके लिए दोषी उलटा उनको ठहराती थी कि कई बार आगाह करने पर भी उन्होंने स्टोव ठीक कराया नहीं। धीमी की गई लौ अपने आप तेज हो जाती है। रात के बचे परांठे पत्नी ने अगले दिन महरिन को दे दिए थे। वह पिनपिना गए थे कि आसमान को छूती महंगाई में उसे दरियादिली दिखाने की सूझी है। पत्नी का जवाब था कि वह मित्र के बेटे के तिलक में गए थे तो उनको बताना चाहिए था कि वहां भोजन का भी इंतजाम है। तुम कह रहे हो कि तुमने वो कह दिया था तो दरवाजे के बाहर का कहा हुआ भला मैं कैसे सुनती? उनमें पैदा नाराजगी देर तक बनी रहती। आजीविका से निश्िंचत व्यक्ति खाली पसरे समय को इस प्रकार से भी छीजता है।

सांझ को नीम के नीचे की बैठकी के बाद शर्मा जी जब घर आते वह अंदर से धुले-पुंछे होते। वह स्वाद लेते हुए भोजन करते। टीवी खोलकर बैठते। पत्नी को आवाज देते, "तुम्हारा वाला सीरियल शुरू हो गया है। आकर देख लो। समेटना-बटोरना बाद में होता रहेगा।"

सात

स्वतंत्रता सेनानी बैकुंठनाथ मित्तल का विवाह देर से हुआ था, लगभग तीस वर्ष की आयु में। पत्नी गोलोकवासी जल्द हो गई थी, उनकी पचपन से कम आयु में। एक बेटा था व एक बेटी। बेटी का विवाह कानपुर में एक खाते-पीते परिवार में हुआ था। दामाद के पास बजाज स्कूटर की एजेंसी थी। समधी रेडीमेड गारमेंट्स का काम करते थे। बेटा अमरनाथ बिंदास तबीयत का था। सौंपी गई जिम्मेदारी से बचता था या उसे यों ही हलके से लेता था। घेरघार कर कहीं टिकाए जाने पर वह वहां देर तक टिकता नहीं था। वह बिना कुछ किए सब कुछ पाना चाहता था। मामूलियत से उसे चिढ़ थी। उसने बी. ए. पास किया था, मगर थर्ड डिवीजन में। हाईस्कूल व इंटर में भी उसकी यही डिवीजन थी जिसको पाने वाले रॉयल के तमगे के रूप में लटकाते थे, आई गॉट रॉयल डिवीजन। जिला चिकित्सा कार्यालय में लिपिक वर्ग में दो स्थान रिक्त हुए थे। मित्तल जी ने उससे आवेदन-पत्र देने को कहा था। वहां उनकी थोड़ी-बहुत पैठ थी। अमर ने साफ इनकार कर दिया, "मैं, और क्लर्की?" कुछ ही दिनों बाद गन्ना शोध संस्थान में रिक्तियां विज्ञापित हुई थीं। उन्होंने वहां के लिए अमर से फिर कहा था। कहने में शामिल था कि सरकारी नौकरी है और अब क्लर्क को भी अच्छा वेतन मिलता है। अमर ने दुबारा इनकार कर दिया, "पापा, आपकी गरदन क्या झुकी नहीं रहेगी कि बेटा बाबू है? आप यह क्यों नहीं चाहते कि आपका बेटा राजपत्रित अधिकारी बने-डिप्टी कलक्टर, सेल्स टैक्स ऑफिसर, लेबर कमिश्नर।"

"मैं क्यों नहीं चाहूंगा? ऐसा होने पर मुझे भी बहुत प्रसन्नता होगी। लेकिन इसके लिए तो तुमको सेवा आयोग की परीक्षा पास करनी होगी। इंटरव्यू तक पहुंच जाने पर कोई जुगाड़ निकलती है, जरूर निकालूंगा।"

अमर सेवा आयोग की परीक्षा में बैठा। तैयारी डेढ़-दो माह पहले ही की थी। लिखित परीक्षा ही पार न कर सका।

दुबारा बैठा। वही स्थिति-तिबारा भी।

मित्तल जी के छोटे भाई की सलाह थी कि अमर का विवाह कर दिया

जाए। उसे जिम्मेदारी से जोड़ने का यह भी एक उपाय है। बैठकी के सदस्यों का भी ऐसा सोचना था। उन्होंने विवाह कर दिया। बहू सूरत-शक्ल से सोहनी थी। सुशील थी। बी. ए. तक वह भी पढ़ी थी।

अमर एक नन्ही गुड़िया का पिता बन गया। दो साल के अंदर एक और गुड़िया ने पितृत्व में संवृद्धि की।

अमर अब भी जिम्मेदारी से नहीं जुड़ा था। पापा को अच्छी राशि की पेंशन मिल रही थी। परिवार का खर्चा ठीक-ठाक चल रहा था। अमर पापा से डेढ़-दो सौ रुपए जेब खर्च के वास्ते पा लेता था। पहले स्वतः मिल जाते थे, अब अकसर मांगने पड़ते थे। मित्तल जी ने पिछली दफा कहा था, "अमर, अब मैं नहीं तू मुझे रुपए दिया कर। पिता को अपने कंधे बराबर बेटे से इस तरह का पाना अपार सुख देता है।"

"पापा, मुझे भी आपको कोई अच्छी चीज, उम्दा उपहार अपने पैसों से खरीदकर देने में खुशी होगी। मैं काम करना चाहता हूं मगर ढंग का, कायदे का, इज्जत का।"

"आप कब तक पापा जी पर लदे रहेंगे?" पत्नी बोली, "बीवी-बच्चों का भार असल में तो आप पर है। मेरी निगाह पापा जी के सामने झुकती है। काम छोटा हो, चार पैसे दे रहा हो तो करने में शर्म नहीं होनी चाहिए।"

"तेरी मरजी हो तो खोखा लगाकर चाय-समोसा बेचा करूं?"

"सही सीख देने पर भी आप बहुत जल्द तिनक जाते हैं।"

अमर चाय-नाश्ता कर घर से निकलता तो दोपहर खाने के समय लौटता। फिर निकलता तो रात नौ-दस बजे तक। दोस्तों की मोटरसाइकिल पर बैठकर यहां-वहां के चक्कर लगाता। कैरम बोर्ड सामने आ जाता तो गोटें गोलक में पहुंचाता। शतरंज की बिसात बिछी होती तो खुद अकेले ही मोहरे संभाल लेता या किसी का मशवराकार बन जाता। कोई विषय छिड़ जाता तो उसे खींचता, फैलाता, उसके तार निकालता। उसके दोस्त भी उसी की तरह पैसों से सुदृढ़ अपने पिताओं, अभिभावकों को आश्रयदाता बनाए हुए थे। इनमें से दो-एक घंटे-डेढ़ घंटे के लिए फूटकर पिताओं, अभिभावकों की दुकानों, प्रतिष्ठानों में हाजिरी बजा आते और फिर शामिल चटिया में।

अमर अपने चाचा सुरेंद्रनाथ और उसी के साथ पिता का दबाव बनने पर जीवन बीमा निगम का एजेंट बनने को राजी हो गया। एक अन्य दिवंगत स्वतंत्रता सेनानी का पुत्र कई वर्षों से इसी क्षेत्र में था और बड़ी राशियों की पॉलिसी करने और उत्तरोत्तर अच्छा और अच्छा परिणाम देने के आधार पर

फील्ड ऑफिसर बन गया था। वह अपने अधीन अमर को लेने को तैयार हो गया। नियम का तकाजा था कि अमर का अपना भी जीवन बीमा हो। ग्राहकों को प्रभावित करने के लिए उसका पचास हजार रुपए का बीमा कराना सही समझा गया। एक सेकेंड हैंड बाइक भी उसको खरीदवा दी गई। वह फील्ड ऑफिसर के साथ रहकर काम सीखने लगा। फिर संभावित ग्राहकों को चीन्हकर पटाने के लिए फील्ड ऑफिसर को उनके पास ले जाने लगा। फिर स्वतंत्र रूप से ग्राहकों को साधने लगा। दोस्त भी संभावित ग्राहकों का पता देने लगे। एक-एक ग्राहक को अंतिम परिणति तक लाने के लिए उसे कई-कई बार जाना पड़ता था जिससे उसमें खीज पैदा होती थी। दो वर्षों में उसको मिलने वाला कमीशन पंद्रह-अठारह सौ मासिक तक ही पहुंच पाया था।

दो पॉलिसी धारकों ने बीमे की किस्त दी। जो धारक किस्त नकद देते थे पैसा निगम के कार्यालय में जमा कर वह रसीद तीसरे-चौथे दिन उनको पहुंचा देता था। जब इन दो पॉलिसी धारकों के पास रसीद तीन सप्ताह गुजर जाने पर भी नहीं पहुंची, उन्होंने तकाजा किया। बाद की तिथि में किस्त जमा कर उसने रसीद लाकर दे दी। पॉलिसी धारकों को बताया कि कैशियर को पैसे दे दिए थे, वह छुट्टी पर चला गया था।

दो धारकों की किस्त फिर वह दबा गया। अबकी पूरी तरह। किस्त चार अंक वाली राशि की थी। शिकायत मित्तल जी के पास पहुंची। उन्होंने अमर से पूछा।

"पापा, मेरी पर्स कहीं गिर गई थी।"

"पर्स गिरने की बात मेरे गले उतर नहीं रही है। मुझे बेवकूफ मत बना। और अगर पर्स गिर भी गई थी, भरपाई तो तुझे ही करनी थी। बीमे से पाए कमीशन से कर देता।" आवाज के साथ उनके चेहरे की नसें खिंच गई थीं।

वह फील्ड ऑफिसर के घर गए। किस्त की राशि ऑफिसर को देकर गिड़गिड़ाए से स्वर में कहा, "बेटा, इसे तुम जमा कर देना। पॉलिसी धारकों से कह देना कि अमर ने किस्त तुमको दे दी थी पर जमा करने की बात तुम्हारे दिमाग से उतर गई थी। और यह भी करना कि अमर के ग्राहकों से कह देना कि वे अपनी बीमा किस्त खुद जमा करें नहीं तो किस्त का चेक दिया करें।"

"अंकल, बीमे के धंधे में ईमानदारी मस्ट है। ग्राहक का अपने एजेंट से रिश्ता विश्वास का होता है, हंड्रेड परसेंट विश्वास का। अमर की साख गिर गई है। पैसों से जुड़ी गड़बड़ी की बदबू तेजी से फैलती है। अंकल, ऐसा बोलना बुरा नहीं मानिएगा।"

अमर की एजेंसी तेजी से सिकुड़ने लगी।

अमर को काम करने से अब उतना गुरेज नहीं था। यों भी कहा जा सकता है कि उसमें काम के प्रति रुचि जाग्रत हो गई थी। उसके दो-तीन दोस्तों के पास कैमरा थे जिनसे वह भी जब-तब फोटो खींचता था। फोटो उम्दा आते थे। अकसर कोई-कोई कैद दृश्य अद्‌भुत होता था। उसके दिमाग में आया कि यह काम क्यों न शुरू किया जाए? चाचा और पिता दोनों ने सही की टिक लगा दी। काम तेरे मन का है तो जरूर कर। मित्तल जी के ताऊ होजरी का काम करते थे। बाजार में डेढ़ दर्जन दुकानों की एक पूरी पट्‌टी का मालिकाना हक म्यूनिसिपल बोर्ड के पास था। उन्हीं में से एक दुकान थी मित्तल जी के ताऊ के पास। किराया बहुत मामूली था जो बढ़ते-बढ़ते दस रुपए पर फ्रीज हो गया था। मित्तल जी के पिता सेठ किशोरीलाल के स्वर्गवासी हो जाने पर वहां से हट आए थे। जमींदारी समाप्त हो जाने के बाद उनकी जरूरत बेजरूरी हो गई थी। वह अपने बड़े भाई के होजरी के धंधे में शामिल हो गए थे, बतौर साझेदार। बड़े भाई का शरीर बीमारी का घर बन चुका था। अपनी जर्जर काया के कारण उन्होंने दुकान मित्तल जी को सुपुर्द कर दी थी। मित्तल जी पहले पिता के साथ बैठे थे, फिर उनकी मृत्यु के बाद कई वर्षों तक अकेले। सामने ही दूसरी पटरी पर होजरी के काम की दो दुकानें खुल जाने और प्रतिस्पर्धा में पिट जाने पर उन्होंने काम समेट लिया। खाली दुकान उनके कब्जे में ही बनी रही। बीच में कई दफा दूसरों ने किराएदारी पलटवाकर दुकान लेने के लिए लालच दिया था। दो मर्तबा यह लालच काफी गुदाज रकम का था। वह डगमगाए। छोटे भाई की सहायता चाही।

"दादा, दूरअंदेशी इसी में है कि दुकान अपने कब्जे में रहे। क्या पता भविष्य में कभी इसकी जरूरत पड़े। और जहां तक निकालने की बात रही तो यह कभी भी निकाली जा सकती है, और भी अधिक आकर्षक राशि लेकर।"

इसी दुकान को आवश्यकतानुसार रद्‌दोबदल कर स्टूडियो की शक्ल दे दी गई। दो अच्छे कैमरा भी खरीदवा दिए गए, एक जिनमें वीडियोग्राफी वाला भी था। अनुभव प्राप्त एक सहायक को भी रख लिया गया।

काम चल निकला। आयोजनों, शादी-विवाह तथा सामाजिक, पारिवारिक उत्सवों आदि की वीडियोग्राफी करने के ऑर्डर भी मिलने लगे।

अमर में चालाकी, चालबाजी की आदत बनी हुई थी। बनकर आदत जल्द अबनी नहीं बनती है। मानव आचरण का वह भी स्थायी प्रकृति का एक संघटक होती है। झपकी ले लेती है, जाग जाती है। उसमें आदत उकसने

लगी थी। बड़े कामों में थोड़ी रकम अग्रिम ली जाती है। वह भी लेने लगा था। काम में विलंब लगता देखकर ग्राहक आता। अमर कहता, "कैसेट तैयार होने के लिए रील लखनऊ भेजी गई है। वहां रील की एडिटिंग होगी। म्यूजिक डाउनलोड किया जाएगा। थोड़ा सा एडवांस और कर दीजिए। लखनऊ मुझे पैसे और भेजना है।"

एक अन्य ग्राहक से, "लखनक के स्टूडियो में कोई टेक्निकल प्रॉब्लम है। लखनऊ से रील वापस मंगवाकर दिल्ली भेजनी होगी। थोड़ा सा एडवांस और कर दीजिए ताकि काम फटाफट हो जाए।"

मित्तल जी का छोटा भाई दुकान का हफ्ता-दस दिन में चक्कर लगा लेता। भाई का दो-चार बार का कहा यों था, "फोटोग्राफी क्या, इस तरह के हर बिजनेस में दो बातों का खास महत्त्व है। पहला, काम बढ़िया हो, फर्स्ट क्लास। दूसरा, काम वादा किए टाइम पर कम्पलीट कर दे दिया जाए, एकदम फौजी किस्मी वादावफाई। इससे साख बनती है। गुडविल ही काम दूर-दूर से खींचकर लाती है।"

अमर में पैसे कमाने की चालाकी, चालबाजी और भड़क गई थी।

एक ग्राहक से बोला, "मैंने काम के पैसों को लेकर जो बताया था, वह इस्टीमेट था। फाइनल रकम छह सौ पैंतीस बनी है। मैटीरियल दिन ब दिन तेज होता जा रहा है।"

दो और ग्राहकों से भी ऐसा।

फिर यह नया दांव, "भाई साहब, आपने एडवांस में दो हजार नहीं पंद्रह सौ रुपए दिए थे। काम वाले घर का जो सरगना होता है, उससे ऐसी भूल हो ही जाती है। बेचारा बीस तरह की जिम्मेदारियों से लदा जो होता है।"

एक अन्य ग्राहक से भी ऐसा दांव।

सहायक ने ग्राहक की पीठ दिखाई देने पर कहा, "भाई साहब, इसने दो हजार नहीं, पच्चीस सौ रुपए ही दिए थे।"

"रुपए मैंने लिए थे, तुमने नहीं। लेने वाला ही सही-सही याद रखता है।"

साख की तली में सूराख हो गया। वीडियोग्राफी का काम हाथ से तेजी से खिसकने लगा। अमर ने सहायक की छुट्टी कर दी।

छोटे भाई ने सलाह दी कि अमर को अलग रहने को मजबूर किया जाए। बीवी-बच्चों की जिम्मेदारी सिर पर आने पर वह सुधर सकता है। बैठकी के सदस्यों से भी मित्तल जी ने मशवरा किया। माना गया कि यह भी एक खरा उपाय है। हर एक के पास गैरजिम्मेदार व्यक्ति के जिम्मेदार व्यक्ति बनने के

दो-एक आदर्श उदाहरण थे।

मित्तल जी ने कुछ दूर पर एक मकान किराए पर तय कर अमर को वहां रहने भेज दिया। बहू से अकेले में पिघलते-बहते स्वर में कहा, "अपना दर्द मैं बयान नहीं कर सकता। ऐसा करते हुए मुझे बेहद-बेहद तकलीफ है। सीने पर पत्थर रखा है। अमर के साथ तुमको और दोनों पोतियों को भी अपने से अलग कर रहा हूं। तुम सबके हित में ही ऐसा कदम उठाया है। सोचा, अमर को अपने बीवी-बच्चों को लेकर अपनी जिम्मेदारी का अहसास हो जाए। मैं तो पेड़ की टहनी का एक पीला पत्ता हूं। कभी भी टपक सकता हूं। तुम सबके आगे पूरी जिंदगी है। हंसी, खुशी, चैन, आराम से काटोगे तो मेरी आत्मा को सुख मिलेगा। जीवन में उम्र कुछ और जुड़ जाएगी।"

"पापा जी," बहू बोली, "आपके फैसले को मैं सही मानती हूं। इतने दिनों से साथ में हूं। आपको खूब अच्छी तरह जानती-समझती हूं। हमेशा आपने मुझे बहू नहीं बेटी माना है।"

"सुषमा," बहू का नाम लेकर उन्होंने भर्राए गले से कहा, "मरीज को अच्छा करने के लिए कभी-कभी दवा का कड़वा, बहुत तीखा डोज पिलाया जाता है। इसे दवा का पापा जी का पिलाया बेटी डोज ही मानना।" आगे कुछ और कहने से पहले उनका स्वर भर्राहट में बिला गया।

वह चौथे-पांचवें दिन अमर की अनुपस्थिति वाले समय पर किराए के मकान का चक्कर लगा आते। पोतियों के लिए टॉफी, चाकलेट, बिस्कुट ले जाते। मौसमी फल भी। बहू के मना करने पर भी उसे सौ-दो सौ रुपए पकड़ा आते। बहू से कहते, बेटी कोई समस्या हो तो बता देना। जानकर कि गैस का सिलेंडर खाली हो गया है, कहीं पास से भरा सिलेंडर भिजवा देते और खाली सिलेंडर को चार-पांच दिन में भरवा देते।

बहू ने घर पर आना शुरू कर दिया था। पोतियां स्कूल में होतीं। अमर स्टूडियो पर। उसका आना घंटा-डेढ़ घंटे का होता। वह उनसे सेहत का खयाल रखने को कहती। वह रात में भिगोई पांच बादाम व पंद्रह-बीस दाने किशमिश के सुबह दूध के साथ लेते थे। जोर देती कि इनके सेवन को अबाध नियमित रखें। च्यवनप्राश लेने के लिए भी जोर देती। मित्तल जी की छोटी विधवा बहन उनके पास रहती थी। बहू उनसे भी कहती, पूछती, "बुआ जी, मेरे चले जाने पर घर के काम का सारा बोझ अकेले आप पर आ गया है। पापा जी को कोई दिक्कत तो नहीं होती है?"

"बहू, तेरे पापा जी को मेरी तकलीफ-आराम की चिंता रहती है और

मुझे तेरे पापा जी की तकलीफ-आराम की। अभी मैं अपने पौरुख से पोढ़ी हूं। चिंता न कर।"

एक दिन अमर से आमना-सामना हो गया। पूछा, "स्टूडियो का काम कैसा चल रहा है?"

"आपने जब सब मुझ पर डाल दिया है, आपको चिंता-फिक्र फिर क्यों?"

अमर ने स्टूडियो कायम रखा था। वीडियोग्राफी का काम खत्म हो चुका था, पर फोटो का फुटकर काम बना हुआ था। जब सुनने को मिलता कि फुटकर काम लस्टम-पस्टम ही है तो सुकून खसता, ढहता।

बहू ने दूसरे-तीसरे दर्जे के बच्चों की ट्यूशनें कर ली थीं। बच्चे पढ़ने घर पर आते थे। बच्चे दो से तीन हुए, तीन से पांच, पांच से छह। माह-दो माह बाद ट्यूशनों की बढ़ी संख्या देखकर उन्हें अच्छा लगता, किंतु यह जानकारी कि ये ट्यूशनें दस, पंद्रह, बीस रुपए वाली हैं उस अच्छे की हलकी चमक को और हलकी कर देती।

उनके मस्तिष्क में आजादी की लड़ाई के दिनों में अपनी भूमिका की याद आ जाती या उस याद को वह अपने को संभालने के लिए बुला लेते। वह अपनी पढ़ाई पर लात मारकर आंदोलन में कूदे थे, जेल गए थे, जेल की परेशानियों, तकलीफों को झेला था। इसके पीछे एक बड़ा लक्ष्य था। अपने इकलौते बेटे और उसके परिवार को जो अब अलग किया है, इसके पीछे भी एक लक्ष्य है। यह भी छोटा नहीं है।

वह अपने घर के बाहर जालीदार तार के बाड़े से घिरी पट्टी की हरियाली देखने के दौरान जब पाते कि पौधे में एक नया फूल जागा है, दूसरे पौधे वाली कली गुदाज हुई है, एक रंग-बिरंगी तितली उठती-झुकती हुई डोल रही है तो यह परिदृश्य भी उनको संभालने में सहायक बनता।

नीम के पेड़ के नीचे की बैठकी की गपशप, हंसी, दिल्लगी भी उनको संभालने में मददगार बनती।

नींद थोड़ी देर उचटती, फिर पूरी तरह उतर आती।

लगभग दो वर्ष के अंतराल के बाद मित्तल जी का चैन, सुकून फिर गड़बड़ा गया था, ज्यादा ही। अबकी परेशानी बड़ी थी, भुतहा किस्म की। इसके बारे में उन्होंने कभी सोचा नहीं था, कल्पना से भी वह दूर रही थी। वह नवंबर के अंधियारे में लिपटा चार बजे सुबह का वक्त था। कॉलबेल बजी थी, एक साथ दो-तीन बार। दरवाजा खोलते ही लड़की-दामाद अंदर आ गए थे।

चेहरे घबराहट से लिथड़े थे। बताया कि वे दोनों अपने पड़ोसी शहर में एक मित्र के विवाह समारोह में सम्मिलित होने गए थे। रात दस के आसपास जब लौटे, अपनी गली में उनको जानकारी मिली कि छोटे भाई की पत्नी ने सीलिंग फैन से लटककर आत्महत्या कर ली है। वे उलटे पैरों ट्रेन पकड़कर यहां आ गए हैं।

मित्तल जी अपने समधी की पैसों को लेकर गुड़ पर भिनभिनाने वाली मक्खियों जैसी प्रवृत्ति से परिचित थे। समधी साहब को उनकी बेटी से भी शिकायत हुई थी कि वह दहेज में कुछ खास लाई नहीं जबकि अगर उन्होंने अपना बेटा कहीं दूसरी जगह ब्याहा होता तो दो-तीन लाख का तो मिला होता। उनके इस बेटे को पिता का यह व्यवहार अस्वीकार था। वह टोक देता, "पिता जी, मेरे ससुर साहब कोई बिजनेस तो करते नहीं हैं। स्वतंत्रता सेनानी वाली पेंशन ही बस उनकी आय है। उसी को ओढ़ते-बिछाते हैं। फिर भी उन्होंने विवाह में बारातियों की खातिरदारी में कोई कोताही नहीं बरती। पचास हजार से ऊपर रुपया बेचारों का खर्च हो गया।" इस बेटे ने शादी से पूर्व उनकी बेटी को देखा था। बेटी सुंदर-शालीन थी। एम. ए. तक पढ़ी थी। अड़ गया था कि शादी करेगा तो वह इसी लड़की से। समधी साहब का छोटा बेटा रेडीमेड गारमेंट्स के शोरूम में उन्हीं के साथ बैठता था। वह भी अपने पिता की भांति पैसा लपकू था। उजड्ड भी। उसके विवाह को थोड़ा ही वक्त गुजरा था। उसके पिता जब अपनी इस बहू से शर्मनाक दहेज लाने का गिला-शिकवा करते थे, वह भी उसमें शामिल हो जाता था। उसकी मां भी। पिता बहू से कहते थे कि उसके बाप इनकम टैक्स विभाग में इंस्पेक्टर थे। उन्होंने ऊपरी कमाई कसकर की है। उनको पूरी उम्मीद थी कि इंस्पेक्टर साहब अपनी बेटी को कार देंगे, मगर निर्लज्जता से डंडी मार गए। बेटा और पत्नी भी इस मांग को सही बताते। बहू जब सास-ससुर की उसके मां-बाप की आए दिन की जाने वाली लानत-मलानत के विरोध में अपनी जबान खोलती तो उसका आदमी लात-घूंसों से उसकी पिटाई कर देता, कभी-कभी जानवरी ढंग से।

"अब यह सब लानत-मलानत, मारापीटी रोज की बात हो गई थी, तुम दोनों को अपना कहीं अलग बंदोबस्त कर लेना चाहिए था।"

"पापा जी, हमने ऐसा इरादा बना लिया था। दो-चार मकान देखे भी थे। वे समझ में नहीं आए। अब यह थोड़े जानते थे कि इतना भयावह कांड इतनी जल्द हो जाएगा," बेटी बोली।

"आपको मालूम ही होगा कि इस तरह के मामलों में लड़की के मायके वाले ससुराल के सभी आदमियों को मुजरिम बना देते हैं," दामाद ने अपनी आशंका प्रकट की।

"जानता हूं। तभी तो इतनी घबराहट है। हे राम, कैसी आफत आ टूटी। दिमाग का पहिया जाम हो गया है एकदम। समझ में नहीं आता क्या किया जाए। पुलिस, अदालत सब आंख मूंदकर बने-बनाए रास्ते पर चलती है। हे राम, कैसे इस आफत से छुटकारा मिलेगा?"

"पापा जी," बेटी दो मिनट बाद बोली, "आपने दो-तीन बार जिक्र किया था कि लखीमपुर के जिन बिजेन्द्र सिंह सागर ने आपके साथ आजादी की लड़ाई में जेल काटी थी, उनका लड़का पुलिस में अफसर हो गया है। पिछले साल जिन सुरेंद्र सिंह सागर की बतौर पुलिस कप्तान तैनाती हुई थी, अखबार में उनसे संबंधित निकले प्रोफाइल के अनुसार वह आप वाले बिजेंद्र सिंह के सुपुत्र हैं।"

वह अगले दिन कानपुर गए। पता लगाकर पुलिस कप्तान के बंगले पहुंचे। उन्हें देखते ही पुलिस कप्तान ने पहचान लिया, "पापा के अंतिम दिनों में जब आप पापा को देखने आए थे, मैं वहीं था। फिर एक बार ट्रेन के सफर में हमारा साथ रहा। हम दोनों एक ही कंपार्टमेंट में थे।"

उन्होंने उस हादसे के बारे में बताया। पुलिस कप्तान ने संबंधित थाने पर फोन किया। बताया, "आपके दामाद और लड़की का भी रिपोर्ट में नाम है।"

"सागर साहब...।"

"मैं दो बार आपसे अनुरोध कर चुका हूं कि आप मुझे सागर साहब न कहिए। सिर्फ सुरेंद्र कहिए। आप मेरे पिता जी के साथी हैं, पिता-तुल्य।"

उन्होंने नाम लिया, लेकिन नाम के आगे जी जुड़ गया, "सौगंध खाकर कह रहा हूं, मेरी बेटी और दामाद घटना के समय घर में मौजूद नहीं थे। वे एक दोस्त के विवाह में पड़ोसी शहर उन्नाव गए हुए थे। छोटी बहू के उत्पीड़न का वे दोनों विरोध करते थे।"

"बेटी-दामाद अभी आपके यहां हैं। वहीं रोके रखिए। पुलिस उनको गिरफ्तार करने नहीं जाएगी। करिए यह कि अपने रसूख से वहां उनकी चार-पांच रोज पहले की मौजूदगी का इंदराज करा दीजिए। यह भी करिए कि हाईकोर्ट जाकर दोनों की अग्रिम जमानत हासिल कर लीजिए।"

संयोग से जिला अस्पताल का एक वरिष्ठ डॉक्टर लखीमपुर का ही था और इंटर तक सुरेंद्र सिंह सागर के साथ पढ़ा हुआ था। फोन पर उन दोनों

का संपर्क हो गया। 104 डिग्री हाई फीवर के साथ वोमिटिंग का सीरियस केस दिखाकर बेटी का चार दिन पहले का प्राइवेट वार्ड में दाखिला दर्ज करा दिया गया। दामाद की मौजूदगी का भी।

वह हाईकोर्ट गए। अच्छा एडवोकेट किया। एडवोकेट ने बताया कि जिस न्यायमूर्ति के सामने उन दिनों जमानत के प्रार्थना-पत्र पेश हो रहे हैं, वह न तो बहुत उदार है, न बहुत कठोर। संतुलित दृष्टिकोण का है। ढंग से अपना केस रखने और दो-तीन कानूनी नजीरें प्रस्तुत करने पर उसे विश्वास है कि वह अपने मकसद में कामयाब होगा। उसने इसी के साथ यह भी कहा कि वह अपने दस हजार के मेहनताने की रकम में से आधी पहले लेगा और आधी काम हो जाने पर। फीस ज्यादा थी मगर मजबूरी थी। बेटी-दामाद को अग्रिम जमानत मिल गई।

वह पुलिस कप्तान के बंगले पर गए। बेटी-दामाद के उनके शहर में घटना से पूर्व के इंदराज की प्रति सौंप दी। इस बार भी उनके किए तीन-चार संबोधन में सागर साहब ही था, मगर पुलिस कप्तान ने टोका नहीं था, मुस्कराया था।

"यकीन रखिए, पुलिस आपके बेटी-दामाद के विरुद्ध चार्जशीट नहीं लगाएगी। पुलिस की ओर से बेटी-दामाद बरी हैं। बाकी तीन अभियुक्तों-आपके समधी, समधिन व मृतका के पति के विरुद्ध पुलिस सबूत इकट्ठा कर चार्जशीट कोर्ट में दाखिल करेगी।"

वह कानपुर में ही रुके रहे। यह न समझा जाए कि अपने सगों का काम बन गया और मुंह छिपाकर फूट लिए। जो जेल में थे, बेटी-दामाद के रिश्ते से उनसे बहुत नजदीकी जुड़ते थे। वह लड़की वाले थे। उनको कोई टुच्चा कदम नहीं उठाना है। समधी साहब के साढ़ू, जो कानपुर में रहते थे, दौड़-धूप कर रहे थे। वह भी दौड़ा-धूपी में शरीक हो गए। कचहरी के चक्कर लगाने लगे। वकील ने कहा कि मुख्य आरोपी मृतका के पति की ओर से जमानत के वास्ते प्रार्थना-पत्र अभी लगाना जल्दबाजी होगा। पुलिस को पहले जुटाए गए साक्ष्यों से अपनी केस डायरी पूरी कर लेने दो। समधी व समधिन को जमानत दिलवाकर जेल से बाहर निकालने की कोशिश की जा सकती है। कोशिश में पचास हजार का खर्चा आ जाएगा। वकील ने खर्च का खुलासा किया। न्यायालय का पीठासीन अधिकारी रिश्वती है। असामी पोढ़ा मानकर वह फी नग बीस हजार से कम न लेगा। पांच हजार उसकी अपनी फीस है। पांच हजार लिखा-पढ़ी व दीगर मद में लग जाएंगे। हाईकोर्ट जाने की

नौबत आ जाने पर दोनों आरोपी माह-डेढ़ माह जेल में तो रहेंगे ही, खर्चा वहां इससे बेशी होगा।

वह सादू साहब के साथ पेशकार के घर गए थे। पीठासीन अधिकारी की राशि सौंप देने पर पेशकार बोला था, "और मेरा हक? एक हजार और दीजिए।" उनके इशारे पर सादू साहब ने वह राशि भी भेंट कर दी।

समधी-समधिन जमानत पर छूट गए थे।

कई माह तक यह आत्मग्लानि उनकी घेराबंदी किए रही कि उस प्रकरण में उनकी भूमिका अनैतिक रही। चलो, बेटी-दामाद तो निर्दोष थे, किंतु समधी-समधिन तो अपनी बहू को आत्महत्या की परिणति तक हांक ले जाने के दोषी थे। वे जेल में पड़े रहते तो पड़े रहते। गलत क्या था? उन्होंने उनको जेल से बाहर निकालने में पैरवी की। रिश्वत जैसे गलीज कर्म के करने-कराने की शह दी। इस सोच के आ जाने पर कि समधी-समधिन उनके दामाद के पिता-माता थे और उनके लिए कुछ न करने पर वह नाराज हो सकता था कि रिश्वत आज के वक्त में एक वैध करेंसी है, उनकी आत्मग्लानि कुछ झर जाती। वह घर के बाहर की फुलवारी-वट्टी को सींचने आते तो उनको एक पौधे पर बुलबुल टिकी मिलती और जोड़े की दूसरी बुलबुल जालीदार बाड़े पर। बुलबुल की उपस्थिति उनमें प्रसन्नता की जो पुलक जगाती वह भी उस आत्मग्लानि के झरने में सहायक बनती। सांझ को पेड़ के नीचे की बैठकी का साथ-संगत भी उस आत्मग्लानि को खसाती।

बाहर वे सब फेफड़ों के व्यायाम के लिए हंसी के ठहाके नहीं लगाते थे। गली में लोग जमा हो जाते थे और कौतुक से उनको देखते थे। दो-चार छोकरे वैसी हंसी की पैरोडी कर उनकी खिल्ली उड़ाते थे।

मित्तल जी ने काफी समय से घर के अंदर ठहाका नहीं लगाया था। उस दिन टीवी पर बहुत पहले सुने एक संवाद को याद कर उन्होंने ठहाका लगाया था।

आठ

वे दोनों गली के मुहाने में दाखिल हो गए थे। एक का दाहिना पैर बचपन में पोलियो से कुछ टेढ़ा हो गया था। चलते हुए पैर का संतुलन संभालने के लिए वह उस ओर कमर पर हाथ रख लेता था। उसके लंबोतर चेहरे पर स्याह-सफेद सलीकामंद दाढ़ी थी। वह कुर्ता-पाजामा पहने था। पैरों में कपड़े का भूरे रंग का बिला तसमे वाला जूता था। उसका नाम बरकतउल्ला था। दूसरा व्यक्ति औसत डील-डौल का था। चेहरे पर छितरी मूंछ थी, दाढ़ी नहीं। वह भी कुर्ता-पाजामा पहने था हालांकि उसके पाजामा का पांयचा कुछ चौड़ा था। उसके पैरों में चप्पल थी। उसका नाम पं. देवीदीन था। कभी-कभी बरकतउल्ला की तरफ से यह छींटाकशी हो जाती थी, "पंडित जी, अपने को यह न समझना कि ब्राह्मन होकर जनाब हिंदू धर्म में जमीन से दो फिट ऊपर हैं। मैं भी मुस्लिमों में मीर हूं। मुसलमानों में सैयद भी ब्राह्मन होते हैं।"

उन दोनों में मुहाने में दाखिल होने से पहले गुफ्तगू इस तरह थी–

बरकतउल्ला–"यह बंदा तो उधर दूर रहता है। जब कभी मिलने के वास्ते आपके घर जाना होता है, सड़क पार कर गली के दूसरे सिरे से दाखिल होता हूं। उधर से आपका घर नजदीक जो पड़ता है। गली में इधर से गुजरना गाहे-बगाहे होता है। कोशिश करूंगा कि हमारी नशिस्तों में वे शामिल हों।"

देवीदीन–"मेरी इन लोगों से घुल-मिल नहीं है। इधर से निकलने पर बस राम राम हो जाती है। पढ़े-लिखे इज्जतदार लोग हैं ये। इन लोगों के अपनी संस्था में शामिल होने से संस्था का नाम फैलेगा।"

बरकतउल्ला–"बात आप शुरू करिएगा। फिर मैं भी कहूंगा।"

देवीदीन–"आपकी बातचीत पुरअसर होती है। पकड़ रखती है।"

बरकतउल्ला–"आपके मोहल्ले के हैं। जानते-समझते होंगे आपको। आपके कहे में भी दम होगा।"

वे दोनों मैदान पर चढ़ आए। पेड़ के नीचे उस दिन उन चारों की उपस्थिति थी और विसर्जन की तैयारी कर रहे थे। राम राम से अभिवादन कर

अपने आने का उद्देश्य बताने की शुरुआत देवीदीन ने की कि उनकी 'काव्य संगम' नामक एक संस्था है। इसकी बैठक हर दूसरे शुक्रवार को तीसरे पहर डेढ़-दो घंटे की होती है। शुक्रवार का दिन इसलिए चुना गया कि उस दिन बाजार बंद रहता है। बैठक में दस-बारह लोग भाग लेते हैं। कविता, गीत, शेरोशायरी सुनाते हैं। उन जैसे सम्माननीय लोगों के शामिल होने से संस्था को ऊंचाई मिलेगी, नाम फैलेगा।

"हम लोगों की इस तरह की चीजों में दिलचस्पी नहीं है।" शर्मा जी ने जवाब देने में पहल की।

"दो-चार नशिस्तों में शिरकत करने पर आप लोगों में दिलचस्पी पैदा हो जाएगी, हमें ऐसा यकीन है। हमारे एक सदस्य हैं रामलुभावन वर्मा। वर्मा जी भी पहले ऐसा सोचते थे। आठ-नौ माह हुए हैं, वह कविता गढ़ने लगे हैं।" बरकतउल्ला ने ऐसा कहकर उन चारों की तरफ देखा। आगे कहा, "अदब की अपनी अहमियत है। अदब जेहनी, रूहानी ताकत है। एक सेहत बाहरी होती है, एक अंदरूनी। इनसानी जिंदगी में हवा-पानी की तरह यह भी निहायत जरूरी है। अदब यानी लिटरेचर से जुड़ा इनसान जिनके साथ ज्यादती, बेइंसाफी, जोरोजुल्म होता है, उनकी हिमायत, उनकी पैरवी में खड़ा हो जाता है। कथा सम्राट् प्रेमचंद ने इसको लेखक, फनकार का इनके पक्ष में वकालतनामा लगाना कहा है। एक ओर इल्मी हैसियत ने कहा है कि लिटरेचर यानी अदब नशे की हालत में उठाया गया मुर्गे की तीसरी टांग का मसला नहीं है, यह पूरे होशोहवास में देखा गया आम आदमी की बहबूदी का सपना है। लिटरेचर का आदमी जो दिखाई नहीं देता है, उस जरूरी को दिखाता है, जो सुनाई नहीं देता है, उस जरूरी को सुनवाता है। इससे भी बढ़कर करता यह है कि जहां रोशनी की कमी होती है, वहां चुपके से एक चिराग रोशन कर देता है।"

"आपने जो जगह बताई है, हालांकि वह मेरे घर से दूर है, फिर भी मैं आने की कोशिश करूंगा," इंस्पेक्टर दीनदयाल ने कहा।

"सजा के दिनों में जेल में हम स्वतंत्रता सेनानियों के बीच अकसर कविता, गीत, आल्हा सुना-सुनाया जाता था। वक्त तो इससे अच्छी तरह कटता ही था, अंदर जोश भी बना रहता था," मित्तल जी बोले।

"हम लोग आपकी संस्था में आने के बारे में गौर करेंगे," शर्मा जी ने कुरसी छोड़ते हुए कहा।

"आने पर मुझे पूरा यकीन है आप सब हजरात में अदब के प्रति दिलचस्पी जरूर पैदा होगी और उसकी जिंदगी में जरूरत व अहमियत को भी आप कबूल करेंगे।" बरकतउल्ला ने अपने पहले के कहे हुए को दोहराया। उसमें यह भी इजाफा किया, "अदब-लिटरेचर का असर धीरे-धीरे होता है लेकिन होता है पुख्ता, पत्थर की संघ में जड़ जमाने वाले पौधे की तरह।"

अंदर गली में बढ़ते हुए देवीदीन ने अपना आकलन प्रकट किया, "मुझे नहीं लगता है कि ये लोग आएंगे।"

"नहीं आते हैं तो यह संस्था की नहीं, इन लोगों की अपनी बदकिस्मती होगी," बरकतउल्ला ऐसा बोलकर फिस्स से हंस दिए।

आधा-पौन किलोमीटर के फासले पर है रोशनगंज मोहल्ला। मोहल्ले के पूर्वी यूं ही से लपड़-झपड़ हिस्से में पांच-छह साल पहले थी एक दाल मिल। वह बंद थी। मिल के स्वामी ने दूसरे शहर में एक दूसरा काम शुरू कर दिया था जो दुधारू साबित हुआ था। मालिक ने दूरंदेशी की बिना पर मिल को अपने अधिकार में बनाए रखा था। देखरेख के लिए उसमें पुराने चौकीदार को रोक लिया था। चौकीदार देवीदीन का रिश्ते में मौसा था। मिल के अंदर एक बड़ा सा बरामदा था और उसमें दो बड़े-बड़े तख्त पड़े थे। इस बरामदे में ही गोष्ठी होती थी। संस्था के दस स्थायी सदस्य पांच-पांच रुपए दिया करते थे। चौकीदार सफाई करा देता था और दो-दो बिस्कुट के साथ चाय की व्यवस्था भी।

उन दोनों के मुहाने में दाखिल होने से पहले हुई गुफ्तगू से भी पहले हुई गोष्ठी का वृत्तांत–

चालीस वर्षीय एक डिग्री कॉलेज के लाइब्रेरियन गंगा प्रसाद व्याकुल ने पहले सरस्वती की अभ्यर्थना में वीणावादिनी कविता का गायन किया, फिर स्वरचित कविता सस्वर सुनाई–

दीख रहा कितना परिवर्तन।
कभी सुनी थी इस नगरी में आदर्शों की भाषा,
आज सत्य की और धर्म की बदल गई परिभाषा।
आज सत्य की शपथ उठाकर मिथ्या बोला जाता,
अपराधी स्वच्छंद विचरता निरपराधी फंस जाता।
दीख रहा कितना परिवर्तन।
बुद्धि यहां बोझा होती है, सीधापन दुख पाता,

वह उन्नति के शिखर चूमता जो तिकड़म अपनाता।
यहां बृहस्पति भी कुबेर के पग तलुए सहलाते,
छलछंदियों के हाथ रोज हरिश्चन्द्र पिट जाते।
दीख रहा कितना परिवर्तन।

उपस्थित कवियों, काव्य प्रेमियों से, जिनकी संख्या मात्र दस ही थी, बढ़िया, अति सुंदर, खूब, आज की वास्तविकता को सही-सही प्रस्तुत किया है जैसी टिप्पणियां हुईं।

संतोष कुमार 'तृषित' ने, जो पेशे से वकील थे, मगर जिनकी वकालत सदर तहसील में काला कोट पहनकर अपनी कुरसी से चिपके रहने और जरूरतमंदों के दो-चार प्रार्थना-पत्र लिखने और शपथ-पत्र तैयार करने तक ही सीमित थी, पहले एक रुबाई पढ़ी, फिर दो अधूरी नज्म में से दो-दो पंक्तियां-

लाश पानी में यूं तैरती ही रही,
डूबने के लिए जिंदगी चाहिए।
फिर वही सुबह, बेकरारी भी वही, यादें भी वैसी हैं
मर्ज उसका है मगर बीमार सा लगता हूं मैं।

"बड़ी महीन बात कही गई है," "पहले वाले टुकड़े में गहराई है दूसरे में नहीं," "नहीं, दूसरा भी उम्दा है, इसमें परदे से झांकता व्यंग्य है, उधर ध्यान जाना चाहिए" की टिप्पणियां दो-चार मिनट तक हुईं।

एक सदस्य कवि ने, जिनका उपनाम 'अटल' था, सुनाया-

अगले ने किया राई तो उसने चना किया,
सब मिल करो घोटाले अरे, किसने मना किया।
बाबू ने दो सौ लिया भीतर वो हो गया,
मंत्री बेखौफ घूमे जिसने कई गुना किया।

किलकारियों के साथ तालियां बजीं।

'अटल जी' ने चार दोहे भी सुनाए जिनमें से एक था-

हाथ न पीले कर सका जो कन्या का बाप,
उसका खुद चेहरा हुआ पीला अपने आप।

दो कवियों ने गीत गाए। गीतों में विन्यस्त शब्द कहीं-कहीं बेमेल व बेमौजूं थे, लेकिन इस दोष को उन्होंने अपने सरगमी स्वर में घुला दिया था।

एक लंबे केशधारी कवि ने, जो एक धर्मार्थ औषधालय में कंपाउंडरी करता था, अपनी कविता सुनाने से पहले चार-पांच बार गला खंखारा–

प्यास मेरी जो बुझ गई होती,
जिंदगी जिंदगी न होकर सांस खोई देह होती,
ख्वाब मेरे जो मर गए होते,
जिंदगी जिंदगी न होकर वीरान खंडहर होती,
रात मेरी जो सुबह खोई होती,
जिंदगी जिंदगी न होकर कांटा धंसी अजाब होती,
प्यास, ख्वाब, रात की गोद में जगती सुबह सब हैं जरूरी
वास्ते जिंदगी के।
जिंदगी इनके होने से तब बहती वासंती बहार होती।

जब खामोशी छाई रही कंपाउंडर कवि ने बताया कि कल रात ही उन्होंने यह कविता पूरी की थी। इसको अभी उनको मांजना है। यहां पढ़ते हुए दोष नजर में आ गए हैं।

एक ने सवाल किया, "यह अजाब क्या बला है?"

"अजाब के माने हैं गहरी पीड़ा, महादुख। कविता में इसका प्रयोग आपको और कहीं देखने को नहीं मिलेगा।"

देवीदीन 'काव्य संगम' के संस्थापक सदस्य होने के नाते लगभग अंत में पाठ करते थे। पाठ किया–

हाय क्या थे वो दिन
यार यारी के दिन
कुछ नकद के थे
कुछ उधारी के दिन
हाय क्या थे वो दिन।
थे फाकामस्ती के दिन
बेशुमारी के दिन
याद आए हैं अब
पद सवारी के दिन
मैंने खुद ही जिए हैं
मैंने ओढ़े-बिछाए हैं माटी के दिन
हाय क्या थे वो दिन।

"जरा फिर से हो जाए वो दिन।" एक मांग।

"भाई साहब, इसे दुबारा पढ़िए और जरा गले को और खोलकर।" दूसरी मांग।

मांग पूरी की गई।

सबसे आखीर में बरकतउल्ला ने हिस्सेदारी की। सबसे आखीर में इसलिए नहीं कि वह भी संस्था के संस्थापकों में से एक थे। आखीर में इसलिए कि वह अपना कुछ नहीं कहते थे। पुराने और नए शायरों का कलाम, जो उनके जेहन में जगह बना चुका होता था और जिसे सुनाना वह उपयोगी और माहौल के माफिक समझते थे, उसे सुनाते थे। कारण पूछे जाने पर कभी उन्होंने तंज से और कभी मजाकन कहा था कि मैं शायरे हस्तियों के रचे गए को आपके सामने इसलिए पेश करता हूं कि आप जानें कि उम्दा व लंबी उम्र की शायरी क्या होती है और कैसे शायर की सोच, उसका जुनून उसके हर लफ्ज की रग में लहू बना है। शायरी या कविता शब्दों को सजा देने की फनकारी या तुकबंदी का हुनर नहीं है। वह है हुस्न, इल्म, विचार, जिंदगी के फलसफे का जज्बाती निचोड़। दो-एक मर्तबा ऐसी आवाज उठी कि वह उर्दू की ही रचनाएं सुनाते हैं, हिंदी की नहीं और उर्दू के कई शब्द उनके लिए अजनबी होते हैं। उनका मुलायमत लिए जवाब होता था कि उर्दू भी इस देश की एक अहम जबान है और यह गंगा-जमुनी तहजीब के वजूद का एक जरूरी घटक है। इस जबान की अपनी अलग मिठास है महक भरी, दिल में सीधे उतर जाने वाली। हिंदी में घुलकर यह हिंदी जबान को सरस बना देती है, उसमें रवानगी पैदा कर देती है। अजनबी से सोहबत करने पर अजनबी दोस्त बन जाता है। इस संस्था का नाम काव्य संगम में संगम इस बात की छूट देता है कि यहां उर्दू की भी चहल-पहल रहे।

बरकतउल्ला ने उस दिन ये अश्आर सुनाए थे यह कहते हुए कि फिराक गोरखपुरी साहब से वाबस्ता होइए–

जो कामयाब हैं दुनिया में उनको क्या कहिए
है आदमी की इससे बढ़के और क्या तौहीन।
मजहब कोई लौटा ले और उसकी जगह दे दे
तहजीब सलीके की, इंसान करीने के।

फिराक साहब के दो शे'र और पढ़ने के बाद उन्होंने इकबाल साहब के तीन-चार शे'र पढ़े थे जिनमें से एक था–

ढूंढ़ता फिरता हूं इकबाल अपने आपको
आप ही गोया मुसाफिर हूं मैं आप ही मंजिल हूं मैं।

फिर नजीर बनारसी की ग़ज़ल याद आ जाने पर उसके तीन-चार बंद पढ़े–

इक रात में सौ बार जला और बुझा हूं,
मुफलिस का दिया हूं मगर आंधी से लड़ा हूं।
कंदील समझकर कोई सर काट न ले जाए
ताजिर हूं उजाले का अंधेरे में खड़ा हूं।
दुनिया से निराली है नजीर अपनी कहानी
अंगारों से बच निकला हूं फूलों से जला हूं।

वह चंद लम्हे रुके, फिर कहा कि ये भी अपने वक्त की नब्ज पर हाथ रखने वाले दो शेर हैं–

बेआब न थे इतने हम दौरे गुलामी में
बतलाए कोई जोशी किस देश गया पानी।
जिनके अपने पांव थे वे दौड़ से बाहर हुए,
और फिर बैसाखियों को ताज पहनाया गया।

तालियां बजीं जोर से और धीमी। वाह-वाह हुई जोर से और धीमी।

एक ने पूछा, "बरकत भाई, आपने बाद वाले शेरों के लेखकों के नाम नहीं बताए।"

"मुझे नहीं मालूम है। नजर से गुजरे थे पहले तो कागज पर टीप लिए, फिर अपनी डायरी में और फिर अपने जेहन में। ये किन्हीं मामूली रिसाले में थे। इनके रचने वाले शायद अभी नामचीन नहीं हैं।"

"बरकत भाई, तब तो आप बड़ी आसानी से अपना बताकर सुना सकते थे। गुमनामी में रहने वाले दूसरे शायरों के भी कलाम को।"

"मेरा जमीर इसकी इजाजत नहीं देता।"

उनके ग़ज़ल, नज्म या फुटकर अश्आर के श्रोताओं के दिलोदिमाग में उतर जाने वाले चयन तथा उनको लहककर उनके कहने के अंदाज के कारण उनको आसपास आयोजित मुशायरों में बुलाया जाने लगा था। वहां भी संयोजकों और उनके हितैषियों ने उनको ऐसी ही नेक सलाह दी थी। कहा था कि मुशायरों में उनकी जगह पक्की हो जाएगी। मुशायरा भी आमदनी का

एक जरिया है। वहां भी जमीर इजाजत नहीं देता है–वाला जवाब था। जवाब में यह भी शामिल हो गया था कि चोरी चोरी ही है चाहे वह किसी रईस के रुपयों, माल की हो या किसी अदीब के अदब की दौलत की।

बरकतउल्ला ने शादी नहीं की थी। फकत अकेले थे। वक्फ की जायदाद के किराएदारों से किराए की वसूली कर मुतवल्ली के पास पैसा जमा करने व वक्फ के दीगर काम को देखने की ड्यूटी पर वह तैनात थे। गुजारे लायक तनख्वाह मिल जाती थी।

देवीदीन के पिता ट्यूबवेल ऑपरेटर थे। देवीदीन के पास दो दैनिक समाचार-पत्रों की एजेंसी थीं और वह उनको वितरित कराते थे।

पिछली तीन बैठकों में सदस्यों की संख्या दस-बारह ही रही थी जबकि इससे पहले वह पंद्रह-सत्रह तक होती थी। उस दिन तय हुआ था कि संस्था से सुपात्रों को जोड़ने के लिए सदस्यों को प्रयास करना चाहिए। देवीदीन व बरकतउल्ला इसी उद्देश्य से उस मैदान पर गए थे।

नौ

काव्य संगम की उस दिन वाली गोष्ठी में तो नहीं उससे पिछली गोष्ठी में एक कविता पढ़ी गई थी। दिवाकर सक्सेना टीवी केबल का काम करते थे। उनके पास एक पुराना खड़खड़िया स्कूटर था। वह उसी पर चढ़कर गोष्ठी में पहुंच जाते थे। कभी-कभी कविता भी सुनाते थे। दिवाकर अधेड़ उम्र के थे पर कविता सुनाते हुए उनके गोल चिकने चेहरे पर बच्चों जैसी आत्ममुग्धता फुदकने लगती थी। कविता क्या वह तुकबंदी होती थी। पिछली गोष्ठी में उनकी तुकबंदी थी–

बच्चे मन के अच्छे
बच्चे मन के सच्चे
बच्चे मन के न्यारे
बच्चे जग के प्यारे
बच्चे मन के राजा
बच्चे मन की प्रजा
बच्चे शैतानी की पुड़िया
बच्चे षटरस की हंड़िया।

बच्चों के इस स्वभाव, उनकी इस प्रकृति, उनके इस आचरण के खरे गवाह वे बालक भी बन जाते थे जो मैदान में खेलने के लिए आ धमकते थे। वे सात-आठ बालक पांच-छह वर्ष से दस-ग्यारह वर्ष तक की आयु के थे और डांटने, डपटने, दुत्कारने के बावजूद अपनी उपस्थिति बनाए रहते थे। चतुर्भुज शर्मा को उनकी उपस्थिति नापसंद थी। कहा जाए कि यह नापसंदगी चिढ़ की हद तक थी। शर्मा जी से ही अधिकतर उनकी मुठभेड़, संवाद होता था।

"तुम लोग पढ़ाई-लिखाई पर भी ध्यान देते हो कि हरदम धमा-चौकड़ी?"

"दादा जी, मैं खूब पढ़ता हूं।" एक छोटे बालक ने दो कदम आगे बढ़कर कहा। प्रमाण स्वरूप वह पहाड़ा सुनाने लगा, "पांच एकम पांच, पांच दूना

दस, पांच तीना पंद्रह, पांच चौथा बीस, पांच पंजा पच्चीस...।"

पीछे खड़े उसी उम्र के एक लड़के ने दखलंदाजी की, "पढ़ोगे-लिखोगे होगे खराब, खेलोगे-कूदोगे होगे नवाब।"

शर्मा जी के चेहरे की मांसपेशियां खिंच गईं, "अंगूठा छाप बना रहना अभी औंधी खोपड़ी नहीं समझेगी। जब बड़े होंगे, बीवी-बच्चों को पालने के लिए रिक्शा खींचोगे या किसी होटल, ढाबे में कड़ाही-तवा रगड़ोगे तब सारी नवाबी चूतड़ की राह निकल जाएगी।"

चूतड़ की राह निकलने की बात सुनकर लड़के फिस्स-फिस्स हंसने लगे।

मगरे बाहरी कमरे में से कुरसियां निकालने आया था। शर्मा जी दरवाजे पर थे। एक लड़का गिड़गिड़ाकर बोला, "दादा जी, आप सब अंकल यहां अंदर बैठा करिए। पेड़ के नीचे से यहां अंदर अच्छा है।"

"तूने लगता कौए का मांस खाया है। हमें सही-गलत का पाठ सिखा रहा है।"

"दादा जी, कमरे में नहीं तो यहां बाहर टीन के साए में बैठा करिए," एक और लड़के ने सुझाव रखा, "हमारे खेलने में तब आपको कोई परेशानी नहीं होगी।"

"तेरी होशियारी समझ रहा हूं। तुम लोग और दूसरी जगह क्यों नहीं खेलते? यहां क्या तुम सबकी नार गड़ी है?"

"आसपास दादा जी और कोई बड़ी जगह नहीं है। सड़क पर दोनों ओर दुकानें हैं। स्कूटर, रिक्शा चलते हैं।"

एक अन्य बड़े लड़के ने कुछ बड़बड़ की। शर्मा जी को लगा कि यह बुड्ढा बहुत खुर्राट है, हमारी बात यह पाजी मानेगा नहीं जैसा कुछ कहा है। वह तमककर हुमके, "तू क्या कह रहा है? जोर से बोल।"

"अंकल मैं समझा रहा था अंकल लोगों को नीम के नीचे बैठना अच्छा लगता है। अंकल लोग वहीं बैठेंगे। हम लोग दूसरी तरफ खेलेंगे, परे हटके।"

वे कमसिन उम्र के सात-आठ लड़के कभी छुआ-छू का खेल खेलते थे, कभी गुल्ली-डंडा का, कभी कागज के एरोप्लेन उड़ाने का, कभी गेंद पा जाने पर उसको हाथ या लकड़ी की तख्ती से उछालने, पीटने का।

शर्मा जी पेड़ के नीचे अकेले बैठे थे। अन्य साथियों का इंतजार था। एक सबसे कम उम्र का लड़का, जिसके चेहरे पर कभी भी चू पड़ने वाला

भोलापन था, वह भी जल्द आ जाने से अकेला था।

"दादा जी, आप यहां पहले बैठ लिया करिए, दो-तीन बजे तक। दूसरे दादा जी से भी बदले टाइम के बारे में बोल दीजिएगा।"

"बहुत चालाक है। लगता मां के पेट से दाढ़ी लेकर निकला है। दोपहर में आकर तू क्यों नहीं कूदा-फांदी कर लेता?"

"दादा जी, खेल शाम को खेला जाता है।"

लड़का उत्तर के लिए रुका रहा था। दुत्कारने पर हटा था। दो साथी लड़के आ गए थे। उनसे जा जुड़ा।

प्लास्टिक की गेंद थी। फेंके जाने पर हाथ में लकड़ी की तख्ती पकड़े लड़का तख्ती से गेंद को हिट करता था। गेंद हिट होकर कुर्सी के एकदम पास गिरी थी।

दो लड़के पदर-पदर मैदान से बाहर भाग गए।

गेंद फेंकने वाला लड़का पेड़ के नीचे आ गया, "सॉरी दादा जी। गेंद अब इधर नहीं आएगी।"

गेंद वापस लड़के के हाथ में आ गई थी। भागने वाले दोनों लड़के टीम में वापस आ गए थे।

कुछ ही देर बाद हिट जड़ी गेंद दुबारा कुरसी के पास गिरी थी, कुरसी को छूती हुई।

आधे लड़के पदर-पदर मैदान से बाहर भाग गए थे।

गेंद फेंकने वाला तथा तख्ती से हिट मारने वाला दोनों लड़के पेड़ के नीचे आ गए थे। दोनों ने अपने कान पकड़ रखे थे, "सॉरी दादा जी, गलती हो गई। माफ कर दीजिए प्लीज। अब दूसरी तरफ खड़े होकर खेलूंगा।"

पदर-पदर भागने वाले सारे लड़के मैदान पर वापस आ गए थे।

उस दिन मैदान में आने वाले लड़कों में एक नया लड़का था, बड़ा, चौदह-पंद्रह वर्ष का। शर्मा जी की उस पर निगाह पड़ी तो किटकिटाकर पूछा, "तू यहां कैसे? ...ओ लूमड़, तुझी से पूछ रहा हूं। यहां तू कैसे?"

पुरानों में से एक बोला, "दादा जी, चंदू भैया मेरे मामा का लड़का है। चार दिन के वास्ते यहां रहने आया है। दादा जी, मैं साथ लाया हूं।"

"कल-परसों तू अपने मौसा का लड़का साथ हांक लाएगा, फिर फूफा का, फिर काका का। लड़कों की फौज क्या यहां इकट्ठा होगी?"

"दादा जी, आज बुध है। इतवार की सुबह चंदू भैया वापस चला जाएगा," लड़के ने साथ लाए हुए से कहा, "चंदू भैया, दादा जी के पांव छुओ।"

चंदू भैया ने पैर न छूकर मुंह से खाली प्रणाम कहा। लूमड़ पुकारे जाने से वह चिढ़ा हुआ था।

अगले दिन एक और नया लड़का शामिल हो गया। यह भी लूमड़ था। यह दूसरा लूमड़ पहले लूमड़ का दोस्त था।

उनके पास एक बड़ी बॉल थी, फुटबॉलनुमा। वे उसको एक से दूसरे, दूसरे से तीसरे, तीसरे से चौथे के पास फेंकने का खेल खेलने लगे। फिर उस पर पैरों से किक मारने लगे। फिर उछाली बॉल पर हाथ से। किक लगी बॉल पेड़ तक गई थी। जमीन पर ठप्पा खाकर वह रायजादा साहब के सिर पर लगी थी। आंख पर चढ़ा चश्मा गोद में आ गिरा था।

"लीजिए भुगतिए। इन ससुरों को मैं बरजता हूं तो आप कहते हैं यार खेलने दो, बच्चे हैं। खेलना बच्चों की फितरत है।" शर्मा जी रायजादा साहब से भुन्नाई मुद्रा में बोले। रायजादा के अलावा कभी-कभी इंस्पेक्टर दीनदयाल भी बच्चों के पक्ष में कहते थे, "मना करने से भी बच्चे मानेंगे नहीं। इनका स्वभाव बंदरों जैसा होता है। बंदरों को हड़काओ, हट जाएंगे। दो मिनट बाद खीं-खीं-खूं करते हुए फिर मौजूद। फिर उपद्रव। बच्चों से उलझकर खामखाह क्यों अपना मूड खराब किया जाए।"

रायजादा ने गोद में आ उतरे चश्मे को नाक पर बैठाकर पहले साथियों को बताया कि वह एक मसौदा तैयार कर रहे थे। मसौदा छोड़कर चश्मा लगाए आ गए, वैसे वह चश्मे का बोझ हलका कर ही बाहर निकलते हैं। निकलते हुए छींक हुई थी। फिर लड़कों से कहा, "अब बॉल इधर नहीं आनी है। समझ लो। खेलना है तो हटकर उधर, दूर उधर।"

लड़के जिधर संकेत किया गया था, उधर हटकर खेलने लगे। खेलते-खेलते वे फिर पहली जगह तक बढ़ आए। इस बार टप्पा लगकर उछली बॉल शर्मा जी की कुरसी से टकराई।

"हरामियो, भागो यहां से, भागो यहां से," शर्मा जी दहाड़े, "आगे से यहां कोई नहीं आएगा। मैं कह रहा हूं भागो। ...नालायको भागो!"

मैदान से नीचे उतरते हुए दूसरा स्थानीय लूमड़, जो मैदान की हकीकत से काफी कुछ परिचित था, भुनभुनाया, "बुड्ढा यों गुर्रा रहा है जैसे मैदान

का वही असली मालिक हो।"

"क्या बोला, मालिक? मालिक क्या मैदान का तेरा बाप है?" शर्मा जी की आवाज थरथराने लगी थी।

लड़के गली में खड़े हो गए। खड़े रहे। दूसरे लूमड़ ने पाजामे का नाड़ा ढीला किया और मैदान की ओर नहीं सीधे कुरसियों की दिशा में पेशाब करने लगा। चंदू भैया को साथ लाने वाला छोटा लड़का भी अपनी नेकर नीचे खिसकाकर वैसे ही धार गिराने लगा।

वे दोनों लूमड़ वहां फिर नहीं आए। दो दिन तक पेशाब करने वाला वह छोटा लड़का भी। तीसरे दिन उपस्थित होने पर वह सीधा कुरसियों के सामने चला गया, "शिकायत होने पर मेरी मम्मी ने मुझे मारा था। मुझसे गलती हो गई। कभी ऐसी बड़ी गलती फिर नहीं करूंगा।" उसने अपने दोनों कान पकड़ लिए।

शर्मा जी अपने घर का कूड़ा-कचरा मैदान में नहीं गली में उस स्थान पर डालते थे जहां से वह नगरपालिका की ठेलिया में भरकर उठता था। मित्तल जी भी ऐसा करते थे। वे मैदान में इसलिए नहीं डालते थे ताकि दूसरों को वैसा करने से ससाहस रोका जा सके। आसपास के घरों से कुछ ऐसे प्रयास हुए थे, मगर विफल कर दिए गए थे, "इसे कूड़ाखाना न समझिए। आप डालेंगे फिर डालने का सिलसिला शुरू हो जाएगा। ...नहीं-नहीं, यहां कूड़ा नहीं पड़ेगा। कूड़ा पड़ेगा तो सड़ेगा, बदबू देगा। बीमारी फैलेगी। हम लोग यहां रहते हैं। भाई साहब, इसका तो खयाल रखिए।"

दो-एक बार घने-पसरे झाड़-झंखाड़ों को मगरे से साफ कराने का उनका मन बना था, पर अपने को रोक लिया था। लड़कों के लिए वे बाधा बनेंगे। कभी-कभी लड़के उनकी लाइल्मी में झाड़-झंखाड़ों को नोच-खसोट, उखाड़कर काफी कुछ निबटा देते थे।

उस दिन मिट्टी के तेल की खाली बोतल हाथ से छूटकर फूट गई। उन्होंने कांच के टुकड़ों को समेट-बटोरकर मैदान में फेंक दिया।

शाम को लड़के छुआ-छू का खेल खेल रहे थे। एक लड़का भागता हुआ उधर आया। पैर पकड़कर बैठ गया। पीछे आ रहे दूसरे लड़के का भी पैर जख्मी हो गया।

"जिसने कांच यहां डाला है उसकी आंख फूटे, तन में कीड़े पड़ें, उसका

सत्यानाश हो।" लड़के रोते हुए कोसाकाटी करने में एक-दूसरे का साथ देने लगे।

शर्मा जी बिलबिला गए, "गाली-गुपड़ी नहीं बको। खबरदार जो आंख फूटे, सत्यानाश के बोल मुंह से निकाले। गलत जगह उछल-कूद करोगे तो चोट लगेगी ही।"

"नया ताजा कांच है। जिसने डाला है वह दिल का मैला है, नंबर एक का हरामी।"

"फिर जबान पर गाली लाए। बोल दिया गाली नहीं बकोगे।"

एक सयाने लड़के ने पैर उठाकर कांच की किर्च को चुटकी से बाहर खींच लिया। दूसरे लड़के के तलुवे से भी। खून बाहर रिस-रिसकर टपक रहा था।

एक लड़के ने दोनों के जख्म पर पेशाब कर दिया, "नन्हे, इससे घाव पकेगा नहीं। रामू तेरा भी। देसी आजमाया उपाय है।"

एक लड़के की जेब में रूमाल के नाम पर झीना कपड़ा था। उसने बीच से फाड़ा। एक-एक भाग से दोनों के पैर में पट्टी बांध दी।

"घर जाके सरसों के तेल का फाहा बनाना। पिसी हुई हल्दी छिड़क के फाहा घाव पर रखके बांध लेना। यह भी देसी आजमाया इलाज है।"

तीन दिन तक वे दोनों लड़के मैदान से गायब रहे। चौथे दिन एक लड़का टोली में शामिल हो गया। अगले दिन दूसरा लड़का भी। कुछ दिन तक वे पैर उचका-उचकाकर खेले। फिर पैर को जमा-जमाकर। एहतियात के तौर पर उन्होंने पैर में पुराने जूते डाल लिए थे।

दस

किसी नए चरित्र यानी पात्र का प्रवेश कथ्य को गति तो देता ही है, कथ्य के विषय में एक अतिरिक्त आयाम भी जोड़ता है या उसे अपने तरीके से खोलता है। हां, शर्त यह है कि प्रवेश कराया चरित्र औपचारिक न होकर अनौपचारिक हो, अपने जरूरी होने को साबित करता हुआ।

इस चरित्र का नाम है जगदंबा प्रसाद गर्ग। गली से लगभग सौ मीटर दूर एक मकान है, न बहुत बड़ा, न बहुत छोटा। जगदंबा प्रसाद इसमें निपट अकेले रहते हैं। आयु होगी पचहत्तर वर्ष के आसपास। सफाई करने, खाना बनाने, सौदा-सुलुफ लाने जैसे कामों के लिए उन्होंने एक नौकर लगा रखा है। निपट अकेले होने की गाथा यह है कि उनका एक बेटा था। एम. टेक. कर वह भारत में एक कंपनी में जॉब करता था। जिस लड़की से विवाह हुआ था वह भी इंजीनियर थी। वे दोनों अति आकर्षक पगार वाली नौकरी पर जर्मनी चले गए थे। बहू के बच्चा होने वाला था। प्रसव में सहूलियत और बच्चे की देखभाल के लिए वह अपनी मां को बुला ले गया था। प्रसव से लगभग एक माह पूर्व वे तीनों कार से सफर कर रहे थे। कार पुल के बैरीकेड को तोड़ती हुई नदी में गिर गई और उन तीनों की मृत्यु हो गई। यह करीब बारह साल पहले की बात है। जगदंबा प्रसाद को धक्का लगा था। अवसाद ने आ दबोचा। जीवन निस्सार लगा। आस-पड़ोस के मिलने वालों ने समझाया कि ऊपर वाले के निजाम में किसी का दखल नहीं। इसे वह भगवान की इच्छा समझें और स्वीकार लें। अपने को संभालने के लिए स्वयं को किसी अन्य आकर्षण से जोड़ लें। उन्होंने उस हादसे को फिर पचा लिया था।

जगदंबा प्रसाद गर्ग के पिता जमींदार थे। जमींदारी खत्म होने पर उनकी हैसियत खत्म हो चुकी थी, फिर भी थोड़ी-बहुत बची हुई थी। वह लड़कों के एक हाईस्कूल की प्रबंध समिति के सदस्य थे। लड़कियों के एक जूनियर हाईस्कूल के सहायक मैनेजर थे। दोनों स्कूल जिस प्रकार लचर-पचर चल रहे थे, उससे वह असंतुष्ट थे। उनके मस्तिष्क में लड़कियों का एक अपना

स्कूल खोलने का विचार आया। वह इस दिशा में तत्पर हो गए। एक जमीन उनके कब्जे में थी। उसमें अहाता खिंचवाकर और चार कमरे खड़े कर उन्होंने स्कूल का श्रीगणेश कर दिया। प्रारंभ में स्कूल कक्षा तीन तक खोला गया था। धीरे-धीरे वह बढ़कर कक्षा छह तक हो गया था। उनका इरादा उसे हाईस्कूल तक पहुंचा देने का था। स्कूल मान्यता प्राप्त था, लेकिन सरकार से नाम मात्र की वित्तीय सहायता मिलती थी। एक प्रकार से वह स्वपोषित शिक्षण संस्था थी।

स्कूल का बड़ा बाबू, जो दूर के रिश्ते में उनके मामा का साला था, अध्यापिकाओं को साढ़े तीन सौ रुपए देता था और आठ सौ रुपए की प्राप्ति पर हस्ताक्षर कराता था। कोई-कोई अध्यापिका अकसर शिकायत करती थी, "बाबू जी, यह तो सरासर ज्यादती है।" बड़े बाबू का उत्तर होता था, "यह मैं अपनी मरजी से नहीं करता हूं, मैनेजर साहब की मरजी से ऐसा होता है।"

गली में तुलसी रानी नाम की एक औरत रहती थी। उम्र थी पैंतीस वर्ष। वह जगदंबा प्रसाद के स्कूल में अध्यापिका थी। उसको कम पगार पाकर दुगनी से भी अधिक राशि की प्राप्ति पर हस्ताक्षर करना पड़ता था। उसने इस शोषण के विरुद्ध धरने पर बैठना तय कर लिया। धरने पर बैठने का विचार पिछले काफी समय से उसके मन में जल-बुझ रहा था। उसके पिता सार्वजनिक निर्माण विभाग में कर्मचारी थे और थे कर्मचारी संघ के सचिव। वह अपनी जायज मांगों को मनवाने के लिए धरने पर बैठते थे। अधिकतर सफल भी होते थे। उसने दो-तीन सह-अध्यापिकाओं से धरने में साथ देने को कहा था, मगर वे अंजाम के खतरे से डरकर राजी नहीं हुई थीं। ड्राइवर दाताराम का मकान गली में पड़ोस में था। वह दाताराम को अंकल कहती थी। उसके इस संबोधन में अन्य भाव से अधिक लगाव भाव होता था। उसने धरने पर अपने बैठने के इरादे से दाताराम को भी अवगत कराया था। दाताराम बोला था कि जो गलत हो रहा है उसे सुधारने के लिए धरने पर बैठना स्थिति की मांग है। वह स्कूल के गेट पर सुबह से शाम तक धरने पर बैठने लगी थी। आठवें दिन उसे नौकरी से अलग कर दिए जाने का आदेश मिला था। तब उसे घबराहट हुई थी। उसके हाथ-पैर फूल गए थे। उसने दाताराम को जानकारी दी। दाताराम को परेशानी हुई। धरने के विचार को शह देने का कांटा उसके अंदर खड़कने लगा था।

अगली शाम वह मैदान पर गया। पेड़ के नीचे बैठकी करने वाले गली के बाशिंदे थे। उनकी ऐसी सामाजिक हैसियत थी कि वे कारगर मददगार साबित हो सकते थे। उसकी बात सुनकर चतुर्भुज शर्मा बोले, "प्राइवेट स्कूलों में ऐसा चलता ही है। धरने पर बैठना तुलसी का अपने पैरों पर कुल्हाड़ी मारना था।"

मित्तल जी ने सवाल किया, "तुलसी रानी क्या ट्रेंड अध्यापिका है, मंशा है कि क्या उसने बी. टी. सी. या सी. टी. जैसी अध्यापन की कोई परीक्षा पास की है?"

"तुलसी रानी बी.ए. पास है। दस अंक की कमी से प्रथम श्रेणी रह गई थी। पहले उसने छोटे बच्चों वाले एक दूसरे स्कूल में चार साल पढ़ाया था। फिर वह उस स्कूल को छोड़कर इस स्कूल में आ गई थी यह सोचकर कि यहां दो-एक साल में अच्छी पगार मिलने लगेगी। करीब चार साल से इस स्कूल में मेहनत से पढ़ा रही है।"

रायजादा साहब दाताराम से मुस्कराकर बोले, "कह नहीं सकता, जनाब को पता है कि नहीं कि स्कूल के कर्ताधर्ता गर्ग साहब की एक आंख पत्थर की है। इस नुक्स को छिपाने के लिए वह गहरे ब्लू कलर के ग्लासेज वाला चश्मा लगाते हैं। पत्थर की आंख वाले का पत्थर का दिल होता है," मुस्कराहट को चटक किया, "गर्ग साहब को करीब से जानने वाले बताते हैं कि पत्थर की आंख पसीजने पर ही उनका दिल पसीजता है।"

पत्थर की आंख के पसीजने पर दिल पसीजने की सच्चाई और मजाक के घालमेल पर शर्मा व मित्तल के चेहरों पर भी मुस्कराहट थिरकी।

दाताराम को निपटाने के लिए शर्मा जी ने दो टूक कहा, "हम लोग ऐसे झंझटों में नहीं पड़ते हैं।"

दाताराम ने जगदंबा प्रसाद गर्ग को सड़क पर यों आते-जाते कई बार देखा था, लेकिन बातचीत का इत्तफाक कभी नहीं पड़ा था। एक दिन सुबह दस के आसपास वह साहस जुटाकर गर्ग साहब के मकान पर गया। दरवाजे पर दस्तक देने पर काम करने वाले नौकर ने उसको बाहरी बरामदे में बैठा दिया। पांच मिनट बाद अंदर से निकलकर गर्ग साहब आए। दूसरी कुरसी पर आसन ग्रहण कर पूछा, "आपने आने का कैसे कष्ट किया?"

दाताराम ने अपना नाम बताया। नाम के साथ जिन सेठ जी की कार वह चलाता था उनका नाम बताया। फिर ऐसा सोचकर कि ड्राइवर की बात कहने

से उसकी स्थिति की हेठी हुई है, उस स्थिति को ऊंचाई देने के लिए बताया कि उसका पुत्र बैंक ऑफ इंडिया में अफसर है। इसके बाद वह सीधा उस प्रसंग पर आ गया जिस पर उसे आना था।

"तुलसी रानी मेरे पड़ोस में रहती है। रिश्ते में वह मेरी भतीजी होती है। आपने उसे स्कूल से निकाल दिया। बहुत परेशान है।"

"स्कूल के माहौल को बिगाड़ने, अनुशासनहीनता को फैलाने के लिए उसको निकालने की सजा एकदम सही है। जो दूसरी अध्यापिकाओं को वेतन दिया जा रहा था वही उसको मिलता था। साल-दो साल बाद रुपए जब दूसरों के बढ़ाए जाते, तुलसी रानी के भी बढ़ा दिए जाते। लेकिन उसे नेतागीरी करने का नशा चढ़ा। नशे का नतीजा भुगते।"

"उससे गलती हो गई। उसका आदमी तपेदिक का रोगी है। ठीक से इलाज हो नहीं पा रहा है। तपेदिक पुराना हो जाने पर फेफड़े का कैंसर भी बन जाता है। उसकी दो बच्चियां हैं। आदमी परेशानी से औसान खोकर ऐसा-वैसा कुछ भी कर सकता है। वैसा घटने पर पाप के हम भी दोषी होंगे।"

गर्ग साहब ने चश्मे के भीतर उंगली डालकर बाईं आंख मली। रायजादा साहब ने उनकी बाईं आंख को ही पत्थर की बताया था।

"तुलसी रानी को अगर अपनी इस गलती का पछतावा है तो उसे वापस स्कूल में रख लिया जाएगा। मगर शर्त यह होगी कि वह लिखित रूप में इस गलती के लिए क्षमा मांगे। प्रार्थना-पत्र में यह भी लिखे कि भविष्य में इस प्रकार का वह कोई काम नहीं करेगी। ऐसा प्रार्थना-पत्र बड़े बाबू को देने पर वह नौकरी पर बहाल कर दी जाएगी। धरने के दिनों का उसे कोई वेतन नहीं मिलेगा।"

"आप उसे नौकरी पर बहाल कर देंगे इस कृपा के लिए मेरी ओर से और तुलसी रानी की ओर से बहुत-बहुत आभार।" दाताराम दो मिनट चुप रहा। चुप्पी तोड़ी, "इतनी कृपा और करिए, धरने वाले दिनों को अवकाश पर मान लीजिए।"

"नहीं, ऐसा नहीं करूंगा। स्कूल का हित मेरे लिए सबसे ऊपर है, सर्वोपरि।"

दाताराम विदा लेने के लिए उठा। गर्ग साहब ने रोका, "आपने कहा था तुलसी रानी की दो बच्चियां हैं, उसके पति को तपेदिक का ठीक इलाज न

होने पर लंग्स कैंसर भी हो सकता है। कैंसर बहुत बुरी बला है।" उन्होंने चश्मे के भीतर उंगली डालकर अपनी बाईं आंख मली। अंदर से लाकर सौ रुपए का नोट दाताराम को पकड़ा दिया, "आजकल इलाज काफी महंगा है। कैंसर की बीमारी बताने पर दस-बीस और भी लोग मदद करने के वास्ते राजी हो जाएंगे। अच्छे, नेक काम के लिए की गई कोशिश निष्फल नहीं होती है।"

थैंक्यू कहते हुए वह वापस अंदर चले गए।

ग्यारह

उस दिन पूरे दो सप्ताह बाद वह चौथी कुरसी सजी थी। सजाने वाले को देखते ही शर्मा जी ने रामचरितमानस की वही पंक्ति सस्वर उच्चारी जो वह उच्चारते थे–भए प्रकट कृपाला दीनदयाला हम सबके...। सबके बाद वाला शब्द हितकारी की बजाय आज भी हर्षकारी कर दिया था। कुरसी सज जाने के बाद उन्होंने यह भी कहा था, "इतनी लंबी-लंबी गैरहाजिरी कम करने के लिए तीन दिन की माफी के बाद गैरहाजिरी के हर दिन पर जुर्माना ठोंकना पड़ेगा।"

मित्तल जी बोले, "इंस्पेक्टर साहब से जुर्माना और जुर्माना के रेट पर रजामंदी ले लीजिए। मामला निपटने में तब खींचतान नहीं होगी।"

दीनदयाल ने कहा, "ऊपर की मंजिल कंपलीट हो जाने पर दावत दूंगा, फर्स्ट क्लास।"

"कितना टाइम लगेगा अभी? काफी वक्त से काम चल रहा है।"

"ब्रिक वर्क पूरा हो गया है। प्लास्टर का काम अभी एक-तिहाई हुआ है। इसके बाद बिजली और प्लंबरिंग का काम होगा। फिर दरवाजे, खिड़की चढ़ाने का। ऊपर की मंजिल को पूर्ण इकाई की शक्ल देना है ताकि अच्छे चोखे किराए पर उठा सकूं। रंग-पेंट पुतकर चकाचक होने में अभी तीन माह से ऊपर लग सकते हैं। आज शुक्रवार है, जुमा। राजमिस्तरी और होशियार लेबर मुसलमान हैं। वे शुक्रवार को छुट्टी रखते हैं। मैंने तय किया आज आप लोगों की तरफ चलूंगा। मुझे भी आराम की सख्त जरूरत है।"

शर्मा जी ने पूछा, "इस सबमें दो लाख रुपए तो लग ही जाएगा?"

"हां, इससे कम नहीं लगेगा। ईंट, सीमेंट, सरिया, मारबल सब आइटम्स महंगे हैं, खासी कीमत वाले। लेबर की भी तगड़ी उज्रत है।"

"इंस्पेक्टर साहब, इतने रुपयों का प्रबंध कैसे किया? बैंक से लोन लिया?"

"बचत की। जोड़ा। पैसों को लेकर प्लानिंग की।"

"यह सब वेतन से किया?"

"वेतन से तो भाई साहब कायदे की रोटी-दाल का भी इंतजाम मुश्किल है। पैसे पैदा करने के दूसरे तरीके भी होते हैं। हिकमत से रास्ते निकालने पड़ते हैं।"

"फूड इंस्पेक्टरी तो वैसे भी तर पोस्ट है। इसको और भी तरमतर बना लिया।"

"इसे करना जितना आसान समझा जाता है उतना आसान होता नहीं है। चीफ फूड इंस्पेक्टर, हेल्थ ऑफिसर इनको फिट रखना होता है, इनका हिस्सा इनको पहुंचाकर। होली, दीवाली, ईद पर डी. एम., ए. डी. एम. के यहां मावा पहुंचाना होता है। इसके अलावा दूसरे मौकों पर फल, मेवा, मिठाई की डाली। यही नहीं, जिन असामियों का मिलावटी, दूषित माल पकड़ता था उनकी खोपड़ी में यह बात धंसानी होती थी कि उनके लिए मामला यहीं रफा-दफा करवाना या शुरू में ही मामले में कानूनी खामियां छुड़वाना ज्यादा मुफीद रहेगा वरना ऊपर जाकर लिए गए नमूनों को बदलवाने या नष्ट करवाने में तिगुनी चौगुनी रकम खर्च करनी होगी।"

बैठकी के शेष दोनों सदस्य मित्तल जी और रायजादा साहब शर्मा जी द्वारा दीनदयाल के घिराव का छोटी, मझोली, बड़ी मुस्कराहट की चुस्कियों के साथ मजा ले रहे थे।

दीनदयाल को भी अपनी घेराबंदी का अहसास हो गया था। पलटवार में उन्होंने शर्मा जी का घिराव शुरू कर दिया।

"भाई साहब, आपका सिद्धिनाथ वाली कॉलोनी में एक हजार मीटर का प्लॉट है। मौजूदा वक्त में उसकी कीमत पांच लाख होगी। सात साल पहले आपने उसे सत्तर हजार में खरीदा था। लिखा-पढ़ी, रजिस्ट्री व प्लॉट की पांच फुट ऊंची दीवार से घेराबंदी वगैरह में तीस हजार रुपए और खर्च हो गए होंगे।"

"दस-पंद्रह हजार इससे ऊपर ही खर्च हुए थे।"

"भाई साहब, अब बारी आपकी है। बताइए एक हाईस्कूल के हेडमास्टर के पास इतना रुपया आया कहां से?"

"हेडमास्टर या कहिए प्रिंसिपल बनने से पहले मैंने ट्यूशनें की थीं। टीचर की आय का एक जरिया ट्यूशन होता है।"

"आपका मेन सब्जेक्ट हिंदी था। बी. ए. तक आपका हिस्ट्री भी सब्जेक्ट

रहा था। टीचर को हिंदी और हिस्ट्री की ट्यूशनें मिलती नहीं। आप विद्यार्थियों को डराते थे कि वे इन विषयों में बेहद कमजोर हैं, फेल हो जाने पर अगला क्लास गोल। विद्यार्थी घबराकर ट्यूशन पढ़ने लगते थे। आम तौर पर टीचर फी ट्यूशन पच्चीस-तीस रुपए लेते थे जबकि आप हर विद्यार्थी से पूरे पचास रुपए ऐंठते थे।"

"हर धान ढाई पसेरी का नहीं बिकता है। वकील, डॉक्टर की फीस योग्यतानुसार अलग-अलग होती है।"

"हेडमास्टर बन जाने पर आप स्कूल में छुट्टी के बाद अंग्रेजी, साइंस, गणित के अतिरिक्त क्लासेज लगवाते थे। नवीं, दसवीं के विद्यार्थियों पर जोर दिया जाता था कि वे अच्छी डिवीजन पाने के लिए इनको ज्वाइन करें। विद्यार्थियों से इस व्यवस्था की एवज में जो कमाई होती थी उसका बड़ा हिस्सा, अंग्रेजी में जिसे लायन शेयर कहते हैं, आपको मिलता था। बाकी हिस्सा विषय पढ़ाने वाले टीचर्स में बंटता था।"

"मि. दीनदयाल, वह योजना मेरी थी। बड़े हिस्से का हकदार मुझे होना भी चाहिए था।"

"शर्मा भाई साहब, टीचर की पोस्ट निरी सूखी होती है। इसका सूखी ही रहना पेशे की नैतिकता, उसके आदर्शों के अनुकूल है। इसको तर बनाने की कोशिश उस नैतिकता, उन आदर्शों से विचलन है।"

"टीचर के पेशे का एक अंग ट्यूशन है। यह अंग बहुत कुछ व्यावसायिक होता है। हर व्यवसाय को फलदायक बनाने के लिए बुद्धि का इस्तेमाल करना पड़ता है, खाद-पानी की तरह।"

"सरकारी नौकरी में भी आय के दूसरे जरिए, रास्ते खोलने में बुद्धि का इस्तेमाल करना पड़ता है। वहां बुद्धि का इस्तेमाल बेईमानी, अनैतिकता, अपराध तब क्यों माना जाता है?"

मित्तल जी ने हस्तक्षेप किया। हस्तक्षेप करते हुए भी उनके चेहरे पर उस घेराबंदी के दौरान फैली मुस्कान का वजूद बना रहा, "सच यह है कि पैसा बुद्धि की कमाई है। मूर्ख को पूंजी जुटाने में भाग्य का सहारा लेना पड़ता है जबकि चतुर को अक्ल का। फिर भी नैतिकता, ईमानदारी, आदर्शों को बनाए रखना समाज के हित में है। ऐसा नहीं है कि नैतिकता, उच्च मूल्यों के रास्ते पर चलने वालों का निरा अभाव हो। हर शहर, हर कस्बे में दो-चार जन इस रास्ते को पकड़े हुए हैं।"

घेराबंदी पर उस हस्तक्षेप के बाद विराम लग जाना चाहिए था, मगर लगा नहीं था। उसकी जद में रायजादा साहब आ गए थे। कल रायजादा साहब बैठकी में शामिल नहीं हुए थे। एक नए चीफ सब-रजिस्ट्रार की सदर मुख्यालय पर तैनाती हुई थी। रायजादा साहब ने उनको घर पर दावत दी थी।

"हम लोगों को भी उस दावत में शामिल कर लिया होता।" शर्मा जी ने शिकायत की।

"जो मेहमान होता है, वह पसंद नहीं करता कि विभाग के बाहर के लोग शामिल हों बल्कि विभाग के भी फालतू लोग। अफसर गोपनीयता पसंद करता है ताकि सरकारी काम करते हुए यह न जाहिर हो कि अमुक का फेवर किया जा रहा है।"

"तो फेवर पाने के लिए थी यह दावत?"

"अराइज नवीसी के पेशे के लिए भी यह जरूरी होता है कि जिस दफ्तर से पेशे का सीधा संबंध है वहां के हाकिम और स्टाफ को साधे रखा जाए। ऐसा करने से ऐंचा-पेंचा काम भी सहूलियत से हो जाता है।"

दीनदयाल बोले, "अब हर पेशा, जैसा मैंने कहा है, शुद्ध व्यवसाय है और व्यवसाय को फलने-फूलने के लिए मौजूं उपाय करने पड़ते हैं, चतुराई से तरकीबें निकाली जाती हैं।"

मित्तल जी ने अपने कथन को दोहराया, "पैसा हमेशा बुद्धि की कमाई रहा है। आज के भौतिकवादी समय में बुद्धि की भूमिका और भी अधिक है।"

"आप जानते हैं कि मैं नॉन-वेजिटेरियन हूं मगर शराब नहीं पीता। रायजादा साहब बात को दावत की ओर खींच लाए। बेटा ड्रिंक करता है। बेटे ने असली जाम से मेहमान का साथ दिया और मैंने नकली जाम यानी फ्रूट जूस से।"

"हम लोग भी फ्रूट जूस से ही साथ देते। तो हमारे हिस्से का फ्रूट जूस हम लोगों को कब मिल रहा है?" शर्मा जी ने पूछा।

"यार कभी भी पिला देंगे। लो सुनो एक सच्चा वाकिया, जूस से भी ज्यादा जायकेदार। इसे चीफ साहब ने सुनाया है। चीफ साहब खुशदिल इनसान हैं। वाकिया सुनाकर बोले थे कि रजिस्ट्री करना मेरा काम है। मैंने तुरंत ही इसकी रजिस्ट्री अपने जेहन की जिल्द में कर ली थी, पक्की रोशनाई से। चीफ साहब पिछली तैनाती के मुकाम पर अपने एक अधीनस्थ कर्मचारी की बेटी की शादी में शिरकत करने गए थे। वहां कर्मचारी के संबंधी का

सात-आठ साल का गोल-मटोल चेहरे व कजरारी आंखों वाला एक लड़का यहां-वहां डोल रहा था। उस दिन चीफ साहब ने भिन्न जानवरों के प्रजनन काल के बारे में एक समाचार-पत्र में पढ़ा था। चीफ साहब ने उस लड़के को निकट बुलाकर पूछा कि वह किस क्लास में पढ़ता है? लड़के ने तीसरी क्लास बताकर अपने आप सात की टेबिल सुना दी और फिर अंग्रेजी के अलफावेट सुनाने लगा। ए फार एपिल, बी फार बैट, सी फार कैट, डी फार डॉग। चीफ साहब ने उससे सवाल किया, "कैट यानी बिल्ली के बच्चा कितने दिनों में होता है?" लड़के के गरदन हिला देने पर डॉगी के बच्चा देने के समय के बारे में पूछा, फिर एलीफैंट, हॉर्स के बच्चा देने के समय के बारे में। बार-बार उसके गरदन हिला देने पर जब चीफ साहब ने कहा, "दोस्त, तुम्हारी पढ़ाई ठीक नहीं है, तुम तो कुछ भी नहीं जानते हो तो लड़का बोला, अंकल, मैं बिल्ली, डॉगी, घोड़ा, हाथी के बच्चे के बारे में नहीं जानता हूं, यह जानता हूं कि आदमी के बच्चा शादी के एक साल बाद होता है।"

रायजादा साहब यह सुनाकर भी हंसे थे। बाकी सुनने वालों की हंसी रुक-रुककर देर तक बही थी।

दीनदयाल बोले, "लड़के ने बड़ी मासूमियत से एक बड़ी सच्चाई का बयान किया है।"

दीनदयाल, शर्मा जी, रायजादा साहब इन सबके शादी के एक साल के अंदर बच्चा हुआ था। मित्तल जी अपवाद थे।

दीनदयाल ने जब यह कहा कि "शादी के बाद लोगों का बीवी से लव हाई हॉर्स पावर का होता है तो हंसी सेहतमंद ठहाकों में ढल गई थी।"

बारह

दस वर्ष पीछे जाना होगा। यह दस वर्ष पहले का लेखा-जोखा है, एक अहम संदर्भ में। तब सूर्य नारायण चौहान उस शहर में आए थे। उनका पैतृक मकान उसी गली के पास वाले मोहल्ले में था, कन्या स्कूल के संस्थापक जगदंबा प्रसाद गर्ग के आवास से कुछ ही फासले पर। सूर्य नारायण की बारहवीं कक्षा तक शिक्षा इसी शहर में हुई थी, दसवीं तक शर्मा जी के ही स्कूल में। उन्होंने जब दो विषयों में विशेष योग्यता सहित हाईस्कूल की परीक्षा प्रथम श्रेणी में उत्तीर्ण की थी, पिता उनको लेकर शर्मा जी के मकान पर गए थे। उन्होंने जैसे ही शर्मा जी के पैर छुए थे, वह आशीर्वाद देते हुए बोले थे, "मुझे पक्का विश्वास था, तेरी परीक्षा का परिणाम ऐसा ही होगा।" फिर पिता से कहा था, "आपका पुत्र अपने नाम के अनुरूप आपका नाम देदीप्यमान करेगा।" वे आम के दिन थे। पिता मिठाई की बजाय भेंटस्वरूप आम ले गए थे। बोले थे, "फलों का राजा मुझे अति प्रिय है। संस्कारवान व्यक्ति दूसरे की रुचि पहचानता है।" जब इंजीनियरिंग की प्रवेश परीक्षा में सूर्य नारायण ने अपना स्थान पक्का कर लिया था, पिता दुबारा उनको लेकर शर्मा जी के पास गए थे। शर्मा जी ने उस बार भी उनको शुभकामनाओं से परिपूर्ण आशीर्वाद दिया था।

कानपुर आई. आई. टी. से वह एम. टेक. कर अमेरिका चले गए थे। वहां सात-आठ वर्ष तक उन्होंने दो-तीन कंपनियों में जॉब किया था। एक बॉस के नस्लवादी व्यवहार से वह इतने आहत हुए थे कि भारत लौट आए। चेन्नई में एक बड़ी कंपनी में नौकरी जैसे उनकी प्रतीक्षा में थी। नौकरी में कंपनी के उत्पादन को प्रमोट करने के लिए उनको बीच-बीच में सिंगापुर, मलाया, हांगकांग, इंडोनेशिया, श्रीलंका जैसे पड़ोसी देशों में हफ्ते, दो हफ्ते के लिए जाना पड़ता था। एक पुराने मित्र की छोटी बहन के विवाह में वह सम्मिलित होने अपने प्रदेश में आए थे। चलो, अपने शहर से भी मिल लिया जाए, इस भावना का दबाव उनको यहां खींच लाया था।

वह गुलाबी सर्दियों का तीसरा पहर था। वह अपने स्कूल के पूर्व प्रिंसिपल शर्मा जी से मिलने गए थे। वह बाहरी कमरे में मौजूद थे। चेहरे पर छोटी-छोटी मूंछ सहेजे गहरे सांवले रंग का एक व्यक्ति भी वहां था जिसकी पुष्ट काया से उसकी उम्र का सही आकलन किया नहीं जा सकता था। वह व्यक्ति तीस पार का भी हो सकता था और उसके अंदर भी। शर्मा जी ने उन्हें देखते पहचान लिया। चेहरे पर प्रसन्नता झलकाते हुए बोले, "अपना शहर आखिर याद आ ही गया। जहां जन्म लिया, जहां खेले-कूदे, जहां शिक्षा का एक खास पड़ाव पूरा किया, उससे लगाव बना ही रहता है।" आगे कहा, "बढ़िया मौके पर अपने सर से मिलने आए हो। हम दोनों पंजा लड़ाने जा रहे हैं। दर्शक बनो। मजा आएगा।"

शर्मा जी स्कूल में भी इस-उस अध्यापक से पंजा लड़ाने का मैच खेलते थे। यह उनका प्रिय शगल था। कहते थे कि यह भी शारीरिक शक्ति परीक्षण का एक उत्तम माध्यम है, कुश्ती का लघु संस्करण।

शर्मा जी ने कुर्ते की दाईं आस्तीन मोड़ ली। दूसरे व्यक्ति ने कमीज की। दोनों ने एक-दूसरे का पंजा पकड़ लिया, पांचों उंगलियां फंसाते हुए। दोनों की कुरसियां आमने-सामने थीं। बीच में एक छोटी मेज पड़ी थी।

पंजे कसने लगे। हाथ दाएं-बाएं मुड़ने लगे। ऊपर-नीचे होने लगे। दोनों की एकाग्रता पंजों की पकड़ और पंजों की सक्रियता पर थी। क्षण-दो क्षण के लिए आंखें एक-दूसरे के चेहरे पर चली जाती थीं।

तीन मिनट गुजर गए। पांच मिनट गुजर गए। आठ मिनट गुजर गए। घड़ी की सूई दस मिनट के सूचक चिह्न पर आ गई।

दोनों के माथे पर पसीना झिलमिला आया था। चेहरे और गले की शिराएं उभर आई थीं। दांत भिंच गए थे। पसीना चिबुक तक ढरक आया था।

बारहवें मिनट पर शर्मा जी के बनाए दबाव से प्रतिपक्षी का हाथ झुका, ठहरा, फिर झुका और मेज की सतह पर आ लगा। शर्मा जी जीत गए।

"कल या परसों आपसे एक बाजी और खेलूंगा।"

"जब इच्छा हो आ जाना, इसी समय या सुबह को।"

प्रतिपक्षी के चले जाने के बाद शर्मा भी उनसे बोले, "सूर्य नारायण, आओ, एक बाजी तुमसे हो जाए। अभी मैं थका नहीं हूं। बाजू में ताकत अब भी बची हुई है। तुम मुझसे उम्र में बीस-पच्चीस वर्ष छोटे ही होगे।"

सूर्य नारायण में इस खेल में शरीक होने की इच्छा कुलबुला चुकी थी,

"मैं आपका शिष्य हूं। शिष्य ने गुरु को पराजित कर दिया तो गुरु जी शिष्य की इस अशिष्टता पर बुरा तो नहीं मानेंगे?"

"गुरु जी प्रसन्न ही होंगे।"

वह प्रतिपक्षी से खाली हुई कुरसी पर डट गए थे। सीधे हाथ की आस्तीन चढ़ाकर हाथ आगे बढ़ा दिया था। उनकी भी देह पुष्ट और कसी हुई मांसपेशियों वाली थी। बाजू पर मछलियां उभरती थीं। जाति के अनुरूप जिस्म भी ठाकुर का था।

पंजे कस गए। हाथ जुम्बिश करने लगे। दाएं-बाएं, ऊपर-नीचे होकर तनने लगे। तनाव अधिक देर तक टिक नहीं पा रहा था। पांच मिनट बीत गए। सात मिनट बीत गए। तनाव कमजोर पड़ने लगा था।

बाहर से दस-बारह वर्ष का एक लड़का अंदर आ गया।

"दीनू, मेरा हाथ नीचे गिराने में तू इंजीनियर साहब की मदद कर।"

लड़के ने शर्मा जी की कलाई कसकर पकड़ ली। कमजोर तनाव को दम देने लगा।

शर्मा जी ने सूर्य नारायण का हाथ मेज से चिपका दिया।

लड़का दीनू बोला, "दादा जी, मुझसे आंख लड़ाओगे?" आंख लड़ाने से मंशा थी पलकों को झपकने से रोके रखना।

"चल, इसमें भी जोर-आजमाइश हो जाए।"

शर्मा जी और लड़का दोनों एक-दूसरे को टकटकी बांधकर देखने लगे। पलकें अचल हो गईं। देखना अधिक देर तक खिंचता पाकर लड़के ने एक हाथ झपाके से शर्मा जी के चेहरे के पास लहरा दिया। पलकें गिर गईं।

"ससुरा बेईमानी पर उतर आया।"

दीनू "दादा जी को हरा दिया, हाहा, हरा दिया" कहता हुआ वन, टू, थ्री हो गया।

सूर्य नारायण ने शर्मा जी से पूछा, "आप इक्सरसाइज करते होंगे?"

"आठ किलो वजनी रेत की बोरी इस वास्ते रख छोड़ी है। हाथ से उठाकर सिर तक ले जाने का अभ्यास करता हूं। और तुम?"

"हेडक्वार्टर पर रहने के दौरान मैं शाम को जिम चला जाता हूं।"

"डाइट में क्या चलता है?"

"नॉनवेज हूं। सुबह नाश्ते में चाय के साथ अंडा और टोस्ट ले लेता हूं। लंच में दाल, रोटी या चिकन बिरयानी जैसी कोई डिश। तीसरे पहर दो

बिस्कुट के साथ कॉफी या चाय। मन किया तो केला, सेब जैसा कोई फल। डिनर में दो चपाती या परांठा और मीट से तैयार कोई शोरबेदार आइटम।"

"दूध नहीं लेते हो?"

"दूध शुरू से ही मेरी पसंदीदाओं की सूची से बाहर रहा है।"

"दूध में 85 प्रतिशत प्रोटीन होता है। मैं सुबह, रात दोनों वक्त आधा लीटर दूध लेता हूं। दूध शरीर में वीर्य बनाता है। वीर्य से ही वीर्यवान शब्द बना है जिसका अर्थ है बलवान। पांच अनाज, जैसे–गेहूं, चना, मूंग, मोठ, सोयाबीन को भिगोकर अंकुरा लिया। काला नमक, काली मिर्च, कशी हुई अदरक डालकर व आधा हरा नीबू निचोड़कर उसे नाश्ते में शामिल करना स्वास्थ्य के लिए लाभकारी होता है। और हां, अगर दूध अच्छा नहीं लगता है तो दही का सेवन करो, बल्कि छाछ यानी मट्ठे का। मट्ठा और भी गुणकारी होता है। कहा गया है, 'जहां रहेगा दही और मट्ठा, वैद्य हकीम है वहां उल्लू का पट्ठा'।"

फूड इंस्पेक्टर दीनदयाल को एक ग्रामीण मट्ठा उपलब्ध कराता रहता था। उसी ने दही, मट्ठे की सराहना में यह उक्ति दीनदयाल को सुनाई थी। दीनदयाल ने इस उक्ति का सफर बैठकी तक करा दिया था।

सूर्य नारायण विदा लेकर जब गली में बढ़े, अपने दरवाजे पर खड़े परम बातूनी राम बहोरन ने उन्हें देख लिया। उधर लपक आया। उन्हें पहचान लिया, 'सूरज बाबू,' वह उन्हें सूर्य नारायण की बजाय इसी संबोधन से संबोधित करता था, मुद्दत बाद आपका आना हुआ है। फिर उनको बीस मिनट तक रोककर गली व आस-पड़ोस की पुरानी, ताजा खबरों से किसी समाचार एजेंसी की भांति वाबस्ता कराने लगा।

तेरह

उसी समय क्रम में पुनः वापसी।

नीम के पेड़ के नीचे की बैठकी बदस्तूर लग रही थी।

बैठकी में स्वास्थ्य संबंधी नुस्खों, उपायों, सुखद जीवन में स्वास्थ्य की आधारी भूमिका आदि से संबंधित बातें अपनी उपस्थिति सुनिश्चित करने के लिए कैसे न कैसे रास्ता निकाल ही लेती थीं। समाचार-पत्रों या रेडियो, टीवी पर सौ वर्ष से अधिक जीवित व्यक्ति के बारे में जब कभी जिक्र होता था, बैठकी में माना जाता था कि इतनी आयु जीवनचर्या के प्रति प्रारंभ से सजग रहकर पाना कठिन नहीं है। प्रिंसिपल शर्मा की हिस्सेदारी उसमें होती थी, किंतु पहले जितनी उत्साहमयी नहीं। हिस्सेदारी होती थी फीकी-फीकी या औपचारिकता की हवा भरी-भरी।

सुबह खुलने के समय जब वह अपने दरवाजे पर खड़े थे, एक अधेड़ उम्र का व्यक्ति फटा पाजामा पहने व हाथ में डिब्बा पकड़े मैदान के पीछे से प्रकट हुआ। पूछने पर उसने बताया कि वह टट्टी करने गया था। गंदी, वीरान जगह पर फौरी जरूरत पर आदमी निपटान कर ही लेता है। उसके इस सूखे, खुरदरे जवाब पर उन्होंने यह तो कहा था कि वह वीरान जगह नहीं है, मैदान पर लोगों के रिहायशी मकान हैं और भविष्य में ऐसी जरूरत के लिए वह दूसरी जगह तलाशे, लेकिन न तो उन्होंने उसे कान पकड़ने, न उसे उठक-बैठक लगाने के लिए मजबूर किया।

एक शाम मसें हरिया रही उम्र और अच्छे डील का लड़का पुराने खेलने वाले लड़कों में शामिल था। उसे रोककर उन्होंने पूछा था कि वह वहां कैसे? लड़के के बताने पर कि वह सड़क के उस पार रहता है, दूसरे लड़कों को खेलते पाया तो वह भी आ गया, उन्होंने कहा था कि गली के बच्चों को ही वहां खेलने की छूट है, दूसरी जगह के लड़कों को नहीं। उस कहे का हिस्सा यह भी बनाया था कि कल से उसे वहां नहीं आना है। लेकिन अगले दिन जब लड़का वहां फिर उपस्थित था, वह उसे यों ओट दे गए थे कि

जैसे उन्होंने उसे देखा नहीं है।

दरअसल इधर शर्मा जी की मानसिक हालत अस्थिर-सी थी। आंतरिक शांति में छिटकन थी। वह यह सोचकर कि यह स्थिति उनके लिए हानिकारक है, उससे उबरने की कोशिश करते थे, दो-चार दिन स्वयं को हरा-भरा रखते थे, किंतु यह हरा-भरापन टिक नहीं पाता था और मुरझाहट पसर जाती थी।

लगभग तीन माह पहले उनके नाम अपनी भतीजी सुचित्रा शर्मा की ओर से रजिस्टर्ड नोटिसनुमा पत्र आया था कि मकान के आधे हिस्से की वह कानूनन हकदार है और यदि वह आधे हिस्से पर बिना किसी बाधा-व्यवधान के कब्जा नहीं देते हैं तो वह हर उचित उपाय से कब्जा लेगी।

चतुर्भुज शर्मा के एक भाई और थे त्रिपुरारी शर्मा। त्रिपुरारी बड़े थे। वह खत्रियों के पुरोहित थे और सौ-डेढ़ सौ घरों में उनकी यजमानी थी। शादी-विवाह, गृह प्रवेश, तीज-त्योहारों, व्रत-उपवासों के अनुष्ठानों में उनकी जो कमाई हो जाती थी उससे सूखे दिन भी पार हो जाते थे, हालांकि इन सूखे दिनों की वह न तो विशेष चिंता करते थे, न कोई खास रण योजना बनाते थे। 'जिन दीनी है चोंच वही दिए चोंचा' की सोच के वह अनुगामी थे। उनकी पहली पत्नी के साथ उनका वैवाहिक जीवन मात्र सात वर्ष का रहा था। इसमें दो प्रसवों में उसकी हालत मरणासन्न हो गई थी, किंतु तीसरे में वह आसन्न से वास्तविकता में बदल गई थी। एक वर्ष बाद उनकी दूसरी पत्नी उनकी सबसे छोटी साली बन गई थी। यह दूसरी पत्नी भी अपनी बहन की भांति सुंदर-सोहनी तो थी ही, वैसी ही विनम्र और आज्ञाकारिणी भी। काफी विलंब से इस दूसरी पत्नी से चार वर्ष के अंतराल से दो लड़कियां परिवार में जुड़ी थीं। पहली लड़की का विवाह उन्होंने उसके पंद्रहवीं वर्ष में प्रवेश करते ही हनुमान मंदिर के पुजारी के दुगनी आयु के पुत्र के साथ कर दिया था जो कचहरी में स्टांपफरोशी करता था। चंद साल बाद ही इस बेटी ने फांसी लगाकर आत्महत्या कर ली थी। ऐसा हरि इच्छा मानकर वह इस बेटी को खोने के दुःख से जल्द ही निवृत्त हो गए थे। दूसरी बेटी सुचित्रा थी, जिसने प्रिंसिपल शर्मा को वह नोटिस भेजा था। उसकी पढ़ाई में रुचि थी। उसने हाईस्कूल प्रथम श्रेणी में उत्तीर्ण किया था। इंटरमीडिएट में भी तेज चल रही थी। उसकी मां पति से कहती थी कि वह सुचित्रा का अभी विवाह नहीं करेगी। सुचित्रा जब तक पढ़ना चाहेगी तब तक वह उसे पढ़ने देगी। त्रिपुरारी कहते थे कि यह उनकी बेटी नहीं बेटा है। उसके जीवनसाथी के चुनाव में

वह उसकी राय लेंगे। किंतु तभी–

त्रिपुरारी भांग का गोला सुबह गिलास भर दूध के साथ लेते थे। सांझ को पानी के साथ। इस गोले में कभी-कभी धतूरे के बीज का मिश्रण भी होता था जो नशे को तरंगित कर देता था।

वह हर पूर्णमासी को लौटाफेरी में सात घंटे का समय खाने वाली बस से यात्रा कर अपने और फर्रुखाबाद जनपद की सीमा पर बहने वाली गंगा में स्नान करने जाते थे। जिस पूर्णमासी को गंगा स्नान के वास्ते पहुंच नहीं पाते थे, उस दिन शहर में बहने वाली देवहा नदी जाकर स्नान कर आते थे। ऐसा ही वह दिन था। भांग के आधे गोले का निहार मुंह सेवन कर, आधा गोला लौटकर पूजन के बाद दूध के साथ लेने के विचार से अलग रखकर, वह प्रातः आठ बजे नदी के सुपरिचित घाट पर आ गए थे। बरसाती मौसम के कारण नदी जवानी के जोश में थी। वह घाट की अंतिम सीढ़ी पर पहुंचकर नदी में जो उतरे तो अपने को संभाल नहीं सके। वह तैरना जानते थे किंतु निकट आगे नहा रही भैंसों के कारण ठीक से हाथ-पैर फेंक नहीं सके। तेज बहाव ने उनको भंवर में फंसा दिया। नदी के बाहर उनका शव ही आया।

त्रिपुरारी का खाना अलग पकता था। अब दोनों परिवारों का खाना एक ठिकाने चतुर्भुज शर्मा के रसोईघर में बनने लगा। रसोईघर का पूरा भार त्रिपुरारी की पत्नी, जिसका नाम मनोरमा था, पर आ गया था। त्रिपुरारी चतुर्भुज शर्मा के बड़े भाई थे, पर वह अपने छोटे भाई के प्रति बड़े भाई जैसा आदर और सत्कार भाव रखते थे। यजमान के यहां से अनुष्ठान कार्य संपन्न कराने पर मिले फल, मिठाई में से वह अपने उपयोग योग्य रोककर शेष भाई के परिवार में भिजवा देते थे। पत्नी मनोरमा से कहते थे कि भाई ने सबसे ऊंचे दर्जे एम. ए. तक की पढ़ाई की है, विद्वान् व्यक्ति हैं, इसलिए उनको स्कूल का सबसे बड़ा अध्यापक बनाया गया है यानी प्रिंसिपल। मनोरमा से वह यह भी, भले ही विनोदी स्वर में कहते थे कि वह बहू जी (चतुर्भुज शर्मा की पत्नी) को देवरानी नहीं अपनी जेठानी माने और उनसे दबकर व्यवहार किया करे। ऐड़ा-बेड़ा या कोई अतिरिक्त काम आ जाने पर वह पहले भी पुकार पड़ने पर मदद के लिए पहुंच जाती थी। पति की मृत्यु के बाद वह जेठानी से देवरानी भी न रहकर नौकरानी के अंजाम तक खिसक गई थी।

उस हिस्से में, जो बीच में उठी दीवार के कारण अलग था और दीवार में धुर छोर पर दो फुट चौड़े निकास के कारण परस्पर जुड़ता भी था, खबर आई

कि आज महरिन नहीं आएगी। अर्थ था कि जूठे पड़े बरतनों की रगड़ाई-मंजाई उसी को करनी है। वह दूसरे हिस्से में पहुंचकर आंगन में बिखरे बरतनों को समेटकर रगड़ाई-मंजाई में जुट गई।

खबर में यह खबर और जुड़ गई, "गुसलखाने में थोड़े पहले के कपड़े पड़े हुए हैं।"

कपड़े थोड़े नहीं थे। बाल्टी और तसला भरा हुआ था। महरिन बरतनों की मंजाई के साथ कपड़ों की धुलाई-फैलाई भी करती थी।

सुचित्रा ने कपड़ों के काम को स्वयं निपटाना तय किया। वह गुसलखाने में पहुंचकर कपड़ों में साबुन मलने लगी। मां मनोरमा ने उसे अलग किया, "तेरी पढ़ाई का हर्जा होगा। तू जाकर पढ़ाई कर। मैं कपड़ों का काम भी निपटा दूंगी।"

एक पखवाड़े के बाद फिर महरिन का नागा। मनोरमा के जिम्मे फिर वही जूठे बरतनों और पहले के कपड़ों का काम। उसे निपटाना था, निपटा दिया।

शर्मा जी के साले साहब मय परिवार आए हुए थे। किचन में नाश्ता शर्मा जी की पत्नी, जिन्हें मनोरमा दीदी कहती थी, स्वयं तैयार करती थी, अपनी इच्छानुसार। शर्मा जी ने उस हिस्से में पहुंचकर सुचित्रा को टेर लगाई, "अपनी मम्मी से कहो किचन में आकर अपनी दीदी से पूछकर नाश्ता तैयार कर दे। मेहमान आए हुए हैं। तेरी मम्मी की दीदी की तबीयत ढीली है। लगता हरारत है।"

"चाचा जी," सुचित्रा ने जानकारी दी, "मम्मी के सिर में कल रात से तेज दर्द है। दो-तीन बार माथे पर बाम लगाया, लेकिन कोई लाभ नहीं हुआ। रात सोते-जागते गुजरी है।"

"सिर में दर्द है? मुझे शाम को बताना चाहिए था। मैं किचन में तुलसी की पत्ती और शहद रख देता हूं। मम्मी से कहना तुलसी की पत्ती और शहद डालकर गर्म चाय बना ले। उसमें थोड़ी सी अदरक भी कश ले। गर्म चाय पीते हुए सिर कपड़े से ढका रखे। पसीने के साथ सिर का दर्द रफूचक्कर। एक तो जरूरत पड़ेगी नहीं, अगर पड़ी तो एस्प्रिन की एक टैबलेट लाकर दे दूंगा।"

मनोरमा किचन में चली गई। बेसन लिपटी आलू व पालक की पकौड़ी और सूजी का हलवा बनाने की तैयारी करने लगी।

मनोरमा से पनीर की सब्जी में एक तो भूल से दो बार नमक पड़ गया, दूसरे तेज आंच में वह जलौंधी भी हो गई। शर्मा जी की पत्नी सब्जी की यह

दुर्दशा देखकर आगबबूला हो गई, "चुड़ैल, काम में जी लगता नहीं। बैगन, कद्दू की तरह पनीर सस्ता नहीं है। दो सौ ग्राम तीस रुपए ढीले करने पर मिला था। तू कमबख्तिन ने इसका सत्यानाश कर दिया। मुफ्त में काम नहीं कराती हूं। खाने-पीने का पूरा खर्चा उठाती हूं। मक्कार कहीं की। अपने खराब कर्मों के कारण पति को खा गई।"

सुचित्रा ने मामा को पत्र डाला।

मामा बहन मनोरमा और भानजी सुचित्रा को अपने घर ले आए। मामी का व्यवहार भी वैसा ही क्रूर और कंटीला था। वह सुचित्रा को भी काम में जोते रहती थी, अपने छोटे बच्चों को नहलाने, उनके कपड़े धोने, उन्हें रोते से चुप कराने, उन्हें सुलाने जैसी चर्याओं में। वह किताब खोलकर बैठती तो हड़का देती, "जितना पढ़ चुकी उतना काफी है। डिप्टी कलक्टर तो बनेगी नहीं। ब्याह के बाद चूल्हा-चौका संभालना है तो अभी से सीख।"

मां ने उसे वापस चाचा प्रिंसिपल शर्मा के यहां भेज दिया, "वहीं तेरी पढ़ाई पूरी हो सकती है। जो स्थितियां हैं उन्हीं को ओढ़-बिछा।"

मामा मामी से छिपाकर उसे माह-डेढ़ माह बाद पचास रुपए भेज देते। मां भी अपने पास जोड़ी-बचाई राशि में से थोड़ा-बहुत। वह इंटरमीडिएट की परीक्षा में सफल हो गई। बहुत अच्छे अंक तो नहीं प्राप्त किए थे, मगर बहुत बुरे भी नहीं।

वह टाइपिंग और शार्टहैंड सीखने लगी। आठ-आठ, दस-दस प्रशिक्षार्थियों के कई समूह उस प्रशिक्षण केंद्र पर आते थे। वह जिस समूह में थी उसमें एक प्रशिक्षार्थी लड़के के साथ उसका एक दोस्त भी अकसर आता था। वे दोनों अलग-अलग साइकिल पर आते थे। दोस्त लड़का फिर रोज आने लगा और केंद्र के बरामदे में समूह का समय समाप्त होने तक टिका रहता। सुचित्रा एक किलोमीटर की दूरी पैदल तय करती थी। एक दिन वह लड़का सुचित्रा से बोला कि वह उसको साइकिल से छोड़ देता है। पहले दिन उसने मना कर दिया। दूसरे दिन उसका प्रस्ताव इतना आग्रही था कि वह मना न कर सकी। वह साइकिल के पीछे लगे कैरियर पर बैठ जाती और अपनी घर वाली सड़क से फासला रहते उतर जाती। सात-आठ दिन बाद लड़के ने कहा कि पीछे कैरियर पर बैठी लड़कियां बुद्धू लगती हैं। वह टाइप और शार्टहैंड सीख रही है। उसे तो तेज किस्म की फारवर्ड लड़की दीखना चाहिए। वह उसे आगे लगे सपोर्ट रॉड पर बैठाकर ले जाने लगा। रॉड पर बैठने से अकसर लड़के

के झुककर साइकिल खींचने पर उसकी गरदन से लड़के की गरदन का स्पर्श हो जाता। वह उसके घर से प्रशिक्षण केंद्र के लिए निकलने के समय पर भी इस-उस मोड़ पर खड़ा हो जाता और उसे आते हुए भी साइकिल पर बैठाल लाता। वापस लौटते हुए किसी रेस्टोरेंट में रुककर वे चाय, कॉफी पीते। चार महीने नहीं गुजरे थे कि उसने एक एकांत स्थान पर जीवन में हमसफर बनने का प्रस्ताव रख दिया। लड़के का नाम संजीव मित्रा था। संजीव ने बताया कि वह ग्रेजुएट है, उसकी रुचि पत्रकारिता में है, अभी वह एक समाचार दैनिक को विज्ञापन लाकर देता है जिसका उसे कमीशन मिलता है। वह जल्द ही विज्ञापनदाता की बजाय संवाददाता बन जाएगा, बाकायदा वेतनभोगी। पत्रकारिता रोब-रुतबे वाला पेशा है। वह उसे किसी अच्छी जगह पर नियुक्त करा देगा। वे विवाह पहले किसी मंदिर में जाकर करेंगे, फिर कोर्ट मैरिज कर विवाह पर पक्की मोहर लगवा लेंगे।

वह संजीव के आकर्षण-वृत में आ चुकी थी। संजीव के चेहरे पर सान चढ़ा सांवलापन था, कहे गए शब्दों में खरेपन की खनक।

संजीव उसे समीपवर्ती जनपद के एक कस्बे में नानी के घर ले आया। नानी बूढ़ी और अकेली थी। उसने जब बहू लेकर आने की बात कही, नानी बोली कि उसके मां-बाप ने उसे ब्याह की कोई खबर नहीं दी।

"नानी, पापा, अम्मा मेरा ब्याह जिस लड़की से करना चाहते थे, वह मुझे फूटी आंखों पसंद नहीं थी। गुस्सा शांत होने पर मैं पापा, अम्मा को खबर कर दूंगा।"

पहली रात जब वह हमबिस्तर हुई, संजीव की छाती पर बालिश्त भर चौड़ा सफेद दाग देखकर चौंकी, "यह दाग कैसा?"

"चर्म दोष है। स्किन का कलर बदलना है बस।"

उसमें उस सफेद चकत्ते से वितृष्णा रेंग आई थी, "तुझको पहले से बताना चाहिए था, छिपाना नहीं।"

अगली रात वितृष्णा और तेज हुई, "कोढ़ियों के जिस्म पर ऐसे सफेद चकत्ते होते हैं। सच बतलाना, तुझे कोढ़ की शुरुआत तो नहीं है?"

"कायदे से बोल। बतला चुका हूं, छाती पर स्किन ने बस कलर बदला है। कई लोगों के चेहरे, हाथों, पैरों पर स्किन का रंग बदल जाता है। क्या वे सब कोढ़ी हैं?"

उसने ऐसा भी अनुभव किया कि उतावली में वह जानवर बन जाता है।

वह दसवीं रात थी, नौ बजे से ऊपर का वक्त। नानी घंटा भर पहले ही अपने हिस्से में जाकर सो गई थी। संजीव खादी का कुर्ता-पाजामा पहने लंबे कद के एक अधेड़ व्यक्ति को साथ लेकर आया था। अधेड़ के सिर और मूंछ के बाल गहरे काले थे। बालों की जड़ से झांकती सफेदी चुगली कर रही थी कि वे खिजाब चढ़े हुए हैं। अधेड़ का चेहरा हड़ियल था। संजीव ने बताया कि यह भाई जी बड़े काम के आदमी हैं। इनकी पहुंच सीधे मंत्री जी तक है। भाई जी मुझको तो नामी पत्रकार बना ही देंगे, उसको भी किसी बढ़िया वेतन वाली जॉब पर फिट कर देंगे। भाई जी को वह खुश कर दे।

"तूने क्या मुझे रंडी-तवायफ समझ लिया है?" उसका चेहरा तमतमा गया था।

"समझ से काम ले। आगम की भलाई की सोच। सती-सावित्री बनने का नाटक न कर। मुझे एक से मिलना है। घंटा भर में आ जाऊंगा।"

नेता शख्स नशा भी किए हुए था। जैसे ही उसने कमरे में जिस्म बढ़ाया, उसने इतनी तेजी से दरवाजा बंद किया कि किवाड़ का पट सिर से टकराया। नेता शख्स गाली बकने लगा। गाली बकते-बकते चला गया।

वह अपने शहर लौट आई।

चाचा प्रिंसिपल शर्मा ने उसे अपने यहां रखने से इनकार कर दिया। उसने एक आवारा लड़के के साथ भागकर दुश्चरित्रा का जो इश्तिहार किया, वह पचाने लायक नहीं है।

मामा ने भी बैरंग लौटा दिया। उससे अब कोई रिश्ता नहीं। मां भलर-भलर रो दी, "साथ में मैं रहती तो तू भटकती नहीं।"

अपने शहर में वह अपने से गहरे से जुड़ी सहेली से टकरा गई। सहेली कार, कोठी वाली थी। एक तो वह उसे मानती बहुत थी, दूसरे उसमें अपनी संपन्नता को लेकर कोई ठस्सा या ऐंठ नहीं थी। उसकी म़ां पैसों से अधिक जीवन अनुभवों से संपन्न थी। उसके भाई के अपने जनपद में तीन-चार पेट्रोल पंप थे। सहेली की मां ने भाई को एक जरूरतमंद लड़की को अपने किसी पेट्रोल पंप पर हिसाब-किताब वाले काम पर रखने के लिए फोन किया। सहमति मिल गई।

एक दूसरे पेट्रोल पंप पर एक पहाड़ी युवक नौटियाल इसी लिखा-पढ़ी का काम करता था। वह लगभग रोज ही शाम को अपनी तैनाती वाले पंप का लेखा-जोखा देने वहां मोटरसाइकिल पर चढ़कर आता था। नौटियाल की

गठीली काया में तरुणाई की आभा थी। नीलोंही आंखें बोलती सी लगती थीं। सुचित्रा में यौवनजनित चटकीला सलोनापन था ही। दोनों में एक-दूसरे के प्रति चाह जगने लगी। सुचित्रा पुरुष संसर्ग में आ चुकी थी। चाह में पुरुष-देह की भूख भी शामिल थी।

वे दोनों एक-दूसरे के जीवनसाथी बनने के लिए तैयार हो गए। नौटियाल ने ब्रह्म देवता के आगे सुचित्रा के माथे पर बिंदी लगाई, मांग में सिंदूर भरा। सुचित्रा की चुन्नी और नौटियाल के रूमाल का गठबंधन भी हुआ।

नौटियाल एक दूसरी आयल कंपनी के पेट्रोल पंप पर नौकरी पा गया था। उसने एक कमरे वाले आवास की भी व्यवस्था कर ली थी।

एक पखवाड़ा गुजरा होगा कि वहां एक पहाड़ी युवती गोद में एक नन्हा बच्चा लिए प्रकट हुई। बोली कि वह नौटियाल की पत्नी है। प्रसव के लिए मायके गई हुई थी। आवाज गीली होकर बह चली, "दीदी, विनती है मेरी जिंदगी को नरक बनने से बचाइए। मेरे साथ इस दुधमुंहा बच्चे पर दीदी तरस खाइए।" वह सिसकियां भरती हुई रोने लगी।

नौटियाल आया तो सुचित्रा फट पड़ी, "तूने यह नहीं बताया कि तेरी पहले से एक ब्याहता बीवी है, एक बच्चा भी। मर्द लगता सब दगाबाज हैं, नीच, गिरे हुए। कुत्ते की तरह एक हांड़ी छोड़कर दूसरी चाटने के लिए जीभ लपलपाते घूमते हैं।"

वह अपने शहर वापस आ गई थी। घोर दुःख, अतीव क्लेश में भी अपनों से थोड़ी आस होती है। अपनों के बीच सुरक्षा की संभावना जो रहती है। अपनों में अपना शहर भी शामिल रहता है। लेकिन वह स्वयं को संभाल नहीं पा रही थी। किससे आस? सुरक्षा की किनसे संभावना? सामाजिक संरचना ऐसी है कि औरतों, जवान लड़कियों के लिए जरा सा गलत उठा कदम महा-समस्या बन जाता है। सामान्य सी विपदा भी असामान्य होती है। रास्ते गुम हो चुके होते हैं। यह तो घटाटोप अंधेरा छा देने वाली विपदा है। उसकी दीदी ने फांसी लगा ली थी। क्या छुटकारे के लिए उसके लिए भी बस यही उपाय है? एकमात्र उपाय? वह नदी के पुल पर गई थी, रेल की पटरियों के पास भी। लेकिन इरादा बदल दिया था। थोड़ा और इंतजार कर लिया जाए। क्या पता जीने पर कुछ ऐसा घटे कि वह दलदल से बाहर निकल ही आए। पहले लड़के संजीव ने उसे गर्भ निरोधक गोली दी थी। नौटियाल से सहवास के समय भी उसने उस गोली का इस्तेमाल किया था।

उसने समाचार-पत्र में एक दंपती की सामाजिक कार्यों में संलग्नता के संबंध में पढ़ा था। सुना भी था। पता लगाकर वह उस दंपती के पास गई। सिसकियां भरती हुई उसने अपनी उस सारी पतित गिरावट के बारे में बगैर कुछ छिपाए हुए बता दिया।

पकी आयु का पुरुष बोला, "बेटी, अपनी गलती और खास तौर से ऐसी निर्लज्ज गलती को स्वीकार करना भी साहस का काम है। मुझे पूरा यकीन है तेरा यह साहस तुझे सामाजिक लांछन, घृणा की मार से टूटने से बचाए रखेगा। आगे के उठे सही कदम पिछले गलत कदमों को ओट दे देते हैं भले ही कुछ वक्त लगे।"

पकी आयु की स्त्री बोली, "मानव शरीर ईश्वर की अनोखी नियामत है। इसे नष्ट करना सबसे बड़ा पाप है। हम हैं तो निश्चय ही हम हो चुकी गलतियों, चूकों से सीखकर सही, पाक, साफ रास्तों पर चलेंगे।"

उन्होंने पत्र लिखकर उसे एक ऐसे स्वदेशी सरकारी संस्थान में भेज दिया जहां घरों में इस्तेमाल होने वाले अचार, मुरब्बा, पापड़, बड़ी, मुंगौड़ी, दलिया-जैसे खाद्य पदार्थ बाजार में पहुंचाने के लिए तैयार होते थे। दंपती ने साप्ताहिक अवकाश के दिन उनसे मिलते रहने को भी कहा।

सुचित्रा को इस बात की जानकारी नहीं थी कि दंपती के घर की बहन और बेटी ने उस जैसी विचलनों के अंजाम से घबराकर आत्महत्या कर ली थी।

वह जब दंपती से मिलने जाती थी तीन-चार स्त्रियां वहां और भी मौजूद होती थीं। अकसर एक युवक भी होता था।

दो माह बाद पकी आयु के पुरुष ने कहा, "बेटी, यह सामने जो युवक बैठा है, मैंने इसको तुम्हारे बारे में पूरी-पूरी जानकारी दे दी है। यह तुमको स्वीकार करने को तैयार है। इसका नाम बलराम यादव है। इसके बाएं हाथ की पांचों उंगलियां बचपन में चारा काटने की जिद में चारा मशीन से कट गई थीं। दाएं हाथ की कटी होतीं तो यह बाएं हाथ को दायां बना लेता। इसमें इतनी कूवत है। एक सिपाही की गलत हरकतों के लिए पिटाई कर देने पर इसे तीन साल जेल में रहना पड़ा था। जेल में पढ़ाई पूरी कर इसने बी. ए. की परीक्षा पास की। बाद में कानून की पढ़ाई कर वकील बन गया।"

पकी आयु की स्त्री ने अपनी सम्मति प्रकट की, "बलराम यादव श्रीकृष्ण जी

के इसी नाम के भाई की तरह बहुत ही दृढ़ी और साहसी है। सुचित्रा बेटी, तुम्हारे लिए यह वर एकदम ठीक है, सही जोड़े का।"

बलराम औसत कद-काठी का था। चेहरा-मोहरा भी औसत था। दाएं नथुने पर एक बड़ा मस्सा था। माथे पर चीरे का निशान था।

कई साल पहले की बात है। तीसरे पहर का वक्त था। एक वर्दीधारी सिपाही ने एक उम्रदराज दुकानदार से साबुन, तेल, बिस्कुट की फरमाइश की थी। दुकानदार के हीला-हवाला करने पर कि पहले लिए गए सामान के अस्सी रुपए अभी उस पर निकलते हैं, वह भिन्ना गया था और नश्तरी गालियां बकता हुआ दुकान का सामान सड़क पर लोटने-गिराने लगा था। बलराम वहीं पास में मौजूद था। सिपाही की इस दादागीराना हरकत पर उसने उस पर हाथ छोड़ दिया था। सूचना मिलने पर चार-पांच और पुलिसकर्मी आ गए थे। ड्यूटी पर तैनात सिपाही से मारपीट करने तथा पास में एक अवैध तमंचे की बरामदगी के गढ़े गए आरोप में उसकी तीन साल की सजा हो गई थी। जेलर उदारचित्त था। उसने उसे पढ़ाई की सुविधा दे दी थी। बलराम की बैरक में एक द्विवेदी था, अधेड़ उम्र का। अपनी ससुराल की संपत्ति पर कब्जा करने की नीयत से उसने अपने साले पर जानलेवा हमला किया था, जिसमें उसकी पांच साल की सजा हुई थी। द्विवेदी जेलकर्मियों की हस्तरेखाएं देखा करता था। उसने सामुद्रिक शास्त्र की तीन-चार पुस्तकें अपने पास उपलब्ध कर रखी थीं। वह बलराम से भी अपना हाथ दिखाने को कहता था। बलराम जवाब देता था कि उसके एक हाथ की उंगलियां गायब हैं। उंगलियों में भी तो भाग्यवाचक रेखाएं होती हैं। ज्यादा जोर देने पर उसने अपने दोनों हाथ सामने कर दिए थे। रेखाएं देखकर द्विवेदी बोला था कि अभी दो दशक तक उसे कठिन समय का सामना करना पड़ेगा। अपनी हस्त रेखाओं और जन्मकुंडली के आधार पर कहता था कि उसके बुरे दिन अब समाप्ति के सन्निकट हैं। उसकी सजा के विरुद्ध दायर अपील मंजूर हो गई थी और वह जेल से छूट गया था। एक पखवाड़े के अंदर जेल में सूचना आई थी कि द्विवेदी का अपने दुश्मनों के हाथों कत्ल हो गया है। बलराम देर तक हंसा था।

सुचित्रा में बलराम के लिए पसंदगी का सबसे बड़ा कारण यह था कि उसके लिए उसका घोर गलत और भ्रष्ट अतीत मिट चुका था और उसने उसे एक साफ पुंछी सलेट की तरह स्वीकार किया था।

विवाह अधिकारी के समक्ष प्रार्थना-पत्र लगाकर उन दोनों ने विवाह कर लिया। वृद्ध दंपती इस विवाह का साक्षी बन गया। दंपती ने आशीर्वाद के रूप में दोनों को वस्त्र व मिठाई का डिब्बा दिया।

नोटिस के करीब छह माह बाद सुचित्रा और बलराम सुबह दस बजे प्रिंसिपल शर्मा के पर पहुंचे। दो-चार औपचारिक बातों के बाद सुचित्रा ने पूछा, "आपने मेरे नोटिस के बाद क्या तय किया? मेरे हिस्से पर मुझे कब्जा कब तक दे रहे हैं?"

"कैसा हिस्सा?" शर्मा जी की आवाज तन गई, "हिस्सा मांगने से पहले यह नहीं खयाल आया कि मैंने तेरी मां और तेरी परवरिश पर कितना खर्च किया? जो खुद खाया, तुम दोनों को वह खिलाया? तेरे भंगेड़ी पिता की भी जरूरत पड़ने पर पैसों से मदद की।"

"मुझे आपकी भतीजी ने बताया है और सही ही बताया होगा कि बचा-खुचा खाना देने की एवज में आप मां-बेटी से हाड़तोड़ काम करवाते थे। सुचित्रा के हिस्से की कीमत पचास हजार रुपयों से कम नहीं होगी। आप ऐसी लचर दलीलों से सगी भतीजी का हिस्सा हड़प नहीं सकते। मैं वकील हूं। कानून जानता हूं।"

"बलराम जी, आप इस कलमुंही के चक्कर में कहां फंसे हैं? दो खसम की तरह यह आपकी भी छुट्टी कर किसी नए खसम को पकड़ लेगी।"

"चाचा जी, एक तो इस प्रकार की पटरी छाप भाषा आपको शोभा नहीं देती है। दूसरे जान लीजिए कि कर्मकांडों द्वारा अग्नि देवता के समक्ष किए गए परंपरागत विवाहों से कहीं अधिक पक्की हम दोनों की जोड़ी है। अपनी सगी भतीजी के हिस्से पर आपको कब्जा देना ही है। कब्जा कैसे देना है यह आपको तय करना है। आपके इनकार करने पर तब हम तय करेंगे," बलराम ने पुख्ता स्वर और मुद्रा में कहा।

ड्राइवर दाताराम ने जब बैठकी में अपने बेटे शिवराम के बैंक की अफसरी वाली परीक्षा में सफल होने की खुशखबरी सुनाई थी तब यह भी बताया था कि उसकी पत्नी शीशे वाले एक औघढ़ साधु के पास बेटे की फोटो लेकर गई थी। साधु ने अपने पास वाला शीशा फोटो पर घुमा-घुमाकर फोटो को देखा था। बोला था, इसकी तस्वीर में इसकी तरक्की चमक रही है।

प्रिंसिपल शर्मा साधु का पता लगाकर फोटो लेकर गए थे। फोटो पुरानी

थी। मांगने पर वह नई फोटो लेकर पहुंचे थे। साधु ने नई फोटो पर अपना शीशा देर तक घुमाया, "आपको अपनी उलझन से छुटकारा मिल जाएगा।"

"मुझे अपनी जायदाद गंवानी तो नहीं पड़ेगी?"

"आपकी समस्या का समाधान हो जाएगा।"

"मुझे मेरी भतीजी आगे तो परेशान नहीं करेगी?"

साधु ने अपने होंठ कस लिए। हाथ के इशारे से जाने को कह दिया।

चौदह

स्वतंत्रता सेनानी बैकुंठनाथ मित्तल की भी पिछले कुछ अरसे से वही हालत थी जो प्रिंसिपल चतुर्भुज शर्मा की थी। इसलिए उसे बयान करने के लिए लगभग उन्हीं शब्दों का आसानी से उपयोग किया जा सकता है। मित्तल जी की भी मानसिक स्थिति डांवाडोल यानी अस्थिर-सी थी। आंतरिक शांति में छिटकन थी। वह यह सोचकर कि यह स्थिति उनके लिए उस आयु में हानिकारक है, उससे उबरने की कोशिश करते थे, दो-चार दिन स्वयं को हरा-भरा रखते थे, किंतु यह हरा-भरापन टिक नहीं पाता था और मुरझाहट पसर जाती थी। बयान में यह भी शामिल किया जा सकता है कि बैठकी में वह शरीक होते थे, लेकिन उनकी यह शिरकत बिला दमखम की, उखड़ी-उखड़ी सी होती थी, बहुत कुछ औपचारिकता का खोल धारण किए हुए।

मित्तल चतुर्भुज शर्मा के निकटतम पड़ोसी थे। दीवार से दीवार मिले घर थे। क्या इसीलिए प्रिंसिपल शर्मा की आंतरिक शांति की छिटकन, उथल-पुथल ने छुतहा रोग बनकर उनको भी अपनी चपेट में ले लिया था? ऐसे संयोग मसालेदार सिने फिल्मों या बेस्ट सेलर उपन्यासों, सस्ते किस्सों, अफसानों में तो बहुतायत से मिलते हैं, किंतु वास्तविक जिंदगी में अति न्यून होते हैं, अपवादस्वरूप। दरअसल व्यक्तियों की एक जैसी मानसिकता, उनकी एक जैसी सोच, उनका एक जैसा आंतरिक रचाव उनको एक-दूसरे से जोड़ता है। लालच या स्वहित में गलत को भी पकड़े रहना, या लंगड़े, बेदम तर्कों, दलीलों से उस गलत को भी एकदम सही, बिलकुल उचित साबित करना या नैतिक, आत्मिक स्वास्थ्य की कमजोरी के कारण खरे, कड़े निर्णय न ले सकना या उन्हें टालते रहना भी असहजता, उलझन, तनाव, अवसाद पैदा करता है। ऐसी स्थितियां आती कम हैं, ज्यादातर मनुष्य द्वारा अपने लिए नासमझी, संकीर्ण सोच के कारण बुला या पैदा कर ली जाती हैं।

मित्तल एक तीसरे पहर बेटे अमर के घर अपनों से जुड़े रहने के लिए जब-तब जाने के क्रम में गए थे। दोनों पोतियां कुछ चटक-मटक वाले लिबास

में थीं। नंगे रहने वाले दरवाजों और खिड़कियों पर परदों की व्यवस्था थी। वहां कुछ-कुछ उत्सवी माहौल था।

"क्या कोई खास आने वाला है?"

बहू सुषमा हलके से मुस्कराई, "आपसे ज्यादा खास और कौन होगा?" फिर खुलासा किया, "आपके बेटे ने आपकी बड़ी पोती वरुणा के नाम लॉटरी का टिकट खरीदा था। पांच हजार का इनाम निकल आया। कहते थे कि दो नंबर और सही हो जाते तो इनाम की रकम पचास हजार रुपए हो जाती।"

"यह तो गलत चस्का है। ऐसे माध्यमों से घर में घुसा पैसा जाते हुए घर में पहले से मौजूद पैसों को भी समेट ले जाता है। तुमको रोकना चाहिए था।"

"मैंने बरजा था। आप जैसा मैंने भी कहा था, पर उनकी समझ में आगम का अंजाम आता नहीं। बोले थे कि अपनी बेटियां लक्ष्मी जी का अवतार हैं।"

छोटी बेटी मयूरी के नाम पर खरीदे गए टिकट पर भी एक हजार का इनाम निकल आया।

अमर दो-चार टिकट नहीं, दस-दस रुपए के एक साथ बीस, पचास, सौ टिकट खरीदने लगा। सब खाली, बांझ।

अमर सट्टे की ओर मुड़ गया। यहां भी शुरू-शुरू में थोड़ी प्राप्ति, फिर गंवाना ही गंवाना और वह भी बड़ी राशि का।

अमर ने स्टूडियो वाली दुकान चालीस हजार की पगड़ी लेकर एक सरदार को दे दी। पता लगते ही वह अमर पर बिगड़े, "मुझसे बगैर पूछे तुमने पगड़ी की रकम थामकर दुकान पर कब्जा सौंप दिया। दुकान का मालिक मैं था, तुम नहीं।"

"आपका मालिक होना और मेरा मालिक होना एक ही बात है।"

"तेरा चाचा भी दुकान में हिस्सेदार है, आधी मिल्कियत का। मैं अकेला ही कानूनन मालिक नहीं हूं।"

"चाचा के आगे नाथ न पीछे पगहा। फकत अकेले हैं। एक आदमी का मजे से खर्च चलाने लायक उनको भी फ्रीडम फाइटर की पेंशन मिलती है।"

कहा-सुनी किराए वाले घर में हुई थी, बहू की मौजूदगी में। बहू ने बताया कि इन्होंने सासू मां जी से मिला गले का पंचलड़ी हार गिरवी रख दिया था। मेरे रोना-धोना करने पर पगड़ी की रकम से हार छुड़ाया है।

"जेवर गिरवी डालने की यह नौबत सट्टेबाजी की बदौलत आई होगी?"

बहू ने हामी में सिर हिला दिया।

मित्तल जी की तपती निगाह अमर के चेहरे पर टिक गई, "अक्लमंद ऐसे-वैसे काम करने से पहले वैसा काम करने वालों से जुड़े अंजाम से सीखते, नसीहत लेते हैं। तेरे सामने तो सुधीर बाबू, मेवाराम, चंदू सेठ, सुधीर कोहली, लक्ष्मण प्रसाद पचासों के अर्श से फर्श पर आने के उदाहरण थे। मगर तूने तो आंखें बंद कर रखी थीं।"

"गोपाल कृष्ण, प्रहलाद नरायन, गोपी कपूर की हैसियत जो चमकी है, फर्श से अर्श तक की, जिस बुलंदी पर वे पहुंचे हैं, ये भी तो उदाहरण हैं।"

"जिनकी मति फिर जाती है वे कुतर्कों का सहारा लेते हैं, सही के लिबास में गलत का साथ पकड़ते हैं।" मित्तल बहू से उन्मुख हो गए, "सुषमा, अमर की पत्नी होने के नाते अमर को सुधारने का जिम्मा मुझसे अधिक तेरा है।"

"पापा जी, औरत वैसे ही अबला होती है, इन्होंने मुझे और भी अबला बना रखा है। सही सीख देने पर लानत-मलानत करने पर उतारू हो जाते हैं।"

मित्तल ने उस घर जाने पर विराम लगा दिया। दो-तीन बार जाने का मन बना, उधर का रुख भी किया, मगर आधी दूर से लौट आए। अमर को भगवान व समय के आश्रय छोड़ दिया।

एक सज्जन ने घर आकर शिकायत की कि उनका लिखा सिफारिशी पत्र लेकर उनका बेटा उनके साले की शुगर मिल के जब्त लाइसेंस को वापस दिलाने के लिए मंत्री जी के पास लखनऊ गया था। साले साहब से इस काम के लिए पचास हजार रुपए लिए गए थे। काम हुआ नहीं। उनका बेटा रुपया लौटा नहीं रहा है। पत्र उन्होंने लिखा था। रुपया वापसी की जिम्मेदारी उन पर भी है।

वह अमर के घर गए। अमर मौजूद था। उन्होंने शिकायत लेकर आए सज्जन का नाम बताकर कहा कि उन्होंने तो कोई पत्र शुगर मिल के जब्तशुदा लाइसेंस की बहाली के वास्ते कभी लिखा नहीं।"

वास्तविकता थी कि अमर ने मित्तल जी के छपे हुए लेटर पैड के दस-बारह पृष्ठ अपने पास रोक लिए थे। उसने उसी का उपयोग किया था।

"पापा जी, बेटा बाप के नाम से फौरी जरूरत पर पत्र लिख देता है।"

"यह चारसौबीसी है, जालसाजी। तेरा पैर कीचड़ में धंसता जा रहा है। तू किसी दिन सलाखों के पीछे होगा। याद रख, मैं छुड़ाऊंगा नहीं। मेरे नाम से तू रुपए उगाह रहा है। तुझे तो शर्म आती नहीं है, उलटे शर्म मुझे आ रही

है कि तू मेरा बेटा है।"

अमर ने उनके कई कोने के बन गए चेहरे की ओर देखा। हलका सा मुस्कराया, "पापा जी, जो वक्त के साथ नहीं चलते हैं, वे पिछड़ जाते हैं। आपसे कई बाद के फ्रीडम फाइटर आज एमएलए हैं या एमपी, पांच-सात मंत्री भी। उन्होंने अपने बच्चों को भी आदमी बना दिया है। और एक आप हैं कि न तो खुद फ्रीडम फाइटर होने का फायदा उठाया, न अपने बेटे को उठाने दे रहे हैं।"

अपने गलत काम में से गलत की हवा निकालने की खातिर उसने बताया कि विनोद कुमार अग्रवाल के पास वह गया नहीं था, खुद विनोद अग्रवाल उसके पास आए थे। बोले थे कि चीनी मिल में गन्ने की घटतौली न की जाए तो मालिक को कुछ बचता नहीं है। गन्ना अधिकारी उनके साले से खुन्नस खाए हुआ है। उसने उस एक मामूली आरोप पर मिल चलाने का लाइसेंस निरस्त करवा दिया। चीनी उद्योग का मंत्रालय जिन मंत्री जी के पास है, वह और उसके पिता जी बरेली के केंद्रीय कारागार में एक साथ बंदी रहे थे। वह उनके साले को लेकर मंत्री जी के पीए के पास गया था। साले के सामने ही उसने उसको मिली काम की फीस में से पीए को दस हजार रुपए दिए थे। पीए ने काम हो जाने का आश्वासन दिया था। उसने अग्रवाल के साले से कहा था कि वह पीए से हफ्ता-दस दिन में मिलता रहे। मंत्री से मुलाकात पीए के माध्यम से ही होती है। अब जो कहीं कमी रह गई उसका जिम्मा साले पर है। उसने साले को सही माध्यम तक पहुंचाने के काम की फीस ली थी।

"तू इस तरह हासिल की गई रकम को फीस का नाम दे रहा है जबकि यह सरासर बेईमानी, फरेबी...।" उनके दिमाग में सही शब्द 'पतित कर्म' आ गया था और उन्होंने अपनी नाराजगी, अपना क्रोध उसी पर तोड़ा था।

"पापा जी, वकील, डॉक्टर, कमीशन एजेंट, कनसलटेंट अपने किए काम की एवज में पाई गई रकम को फीस का नाम ही देते हैं।"

उन्होंने उससे अलग होते हुए अपनी घृणा जताने के लिए दुबारा कहा था कि उनको शर्म आ रही है कि वह उनका बेटा है।

एक माह के अंदर वैसा ही एक और प्रकरण सामने नंगा खड़ा हो गया था। अमर ने उनके फोटो में प्रदेश के राज्यपाल का फोटो किसी ट्रिक से जोड़कर दोनों के एक साथ खड़े होने के पोज का प्रिंट निकलवा लिया था। इस फोटो के द्वारा उसने तहसीलदार से डिप्टी कलेक्टर के पद पर प्रोन्नति

चाहने वाले एक उम्मीदवार से भी पचास हजार रुपए ऐंठ लिए थे। प्रदेश स्तर पर जिन बीस प्रोन्नति योग्य तहसीलदारों की सूची जारी हुई थी उसमें तहसीलदार ने अपना नाम नदारद पाया। उसने उम्मीदवार को जब दिलासा दिया था कि अगली सूची में उसका नाम अवश्य होगा, तो वह विश्वास उखड़े स्वर में बोला था कि पता नहीं अगली सूची कब जारी हो, दो साल में, तीन साल में। इस बीच उसका स्थानांतरण अन्य जिले में हो चुका होगा और तब उसका उससे संपर्क साधना मुश्किल होगा। तब तक उसके रुपयों के फंसे रहने में कोई तुक नहीं। वह उसका रुपया लौटा दे। उसका जवाब था कि उसने ऊपर तक पैरवी कर काम करा दिया था। उसका सर्विस रिकॉर्ड ज्यादा अच्छा नहीं है, इसीलिए नाम थोड़ा नीचे रह गया है जो अगली सूची में शामिल हो जाएगा। सरकारी काम हो जाने पर भी अपनी चाल से आगे बढ़ते हैं।

मित्तल जी के बिगड़ने, तमकने पर अमर बोला था, "पापा जी, आप चुप्पी साधे रखिए। मामला अपने आप फुस्स हो जाएगा। एक तो पुलिस में वह आदमी रिपोर्टा-रिपोर्टी करेगा नहीं, दूसरे करेगा भी तो पुलिस हरकत में आएगी नहीं। मैंने पुलिस को पहले से साध लिया है। आज के जमाने में यह सब चलता है।"

समाचार-पत्रों के स्थानीय पृष्ठ पर वह मामला एक-दो दिन नहीं, पूरे एक सप्ताह तक दस्तक देता रहा था। उस दस्तक में यह गूंज भी थी कि आरोपी स्वतंत्रता सेनानी बैकुंठनाथ मित्तल का सुपुत्र है।

फिर उसी प्रकृति का एक अन्य प्रकरण। दूसरों के लिए प्रकरण, मित्तल जी के लिए हादसा, बल्कि कांड। अमर ने वक्त-जरूरत के लिए अपने पिता का एक और फोटो प्रिंट कैमरा तकनीक की कारस्तानी से तैयार कर लिया। पिता का हार पहने फोटो एलबम में था। बगल में मुस्कराते चेहरे में एक अधिकारी था। अधिकारी के स्थान पर प्रधानमंत्री राजीव गांधी को फिट कर दिया गया था। मुख्यालय की समीपवर्ती तहसील के पैसे से पोढ़े एक लाला को बहुत सस्ते किराए पर उठा अपना दो हजार वर्ग मीटर में फैला घर खाली कराना था। तीन तिकड़म से मकान मालिक लाला निचली अदालत से जीत गया था। किराएदार ने अपील कर रखी थी और अपील न्यायालय के पीठासीन अधिकारी के रुख और उसकी चारित्रिक निष्पक्षता से लगता था कि वह निचली अदालत के फैसले को पलट देगा। मकान मालिक चाहता था कि

अपील का निस्तारण होने से पूर्व वह मकान पर कब्जा पा ले। अमर का नाम ऐसे कामों के लिए चमक चुका था। किसी मित्र की सलाह पर मकान मालिक अमर के पास आया। अमर ने इस काम के लिए अपनी फीस एक लाख रुपए बताई। वह काम कराने के लिए आने वाले व्यक्तियों से भी उस उगाही जाने वाली फरेबी रकम को फीस ही कहता था। मकान मालिक के उस फीस को बहुत ज्यादा बताने पर वह साठ हजार पर आ गया था, लेकिन शर्त यह थी कि इस-उस की सेवा हासिल करने के लिए जो देना पड़ेगा वह मकान मालिक के जिम्मे होगा। संयोग से मकान मालिक मित्तल ही था और पुलिस का संबंधित क्षेत्राधिकारी भी वैश्य घराने का था, गुप्ता। अमर ने पुलिस अधिकारी को अपने पिता का राजीव गांधी के साथ वाला फोटो दिखाकर उस पर प्रभाव बनाया। फिर मकान मालिक को अपना निकट संबंधी बताया। फिर निचली अदालत से मकान मालिक के पक्ष में निर्णय बताकर कहा कि किराएदार ने अपील कर दो साल से मामले को हिलगा रखा है और वह हर सूरत में अपने मकान पर कब्जा पा लेना चाहता है। इस बीच मकान मालिक ने नोटों का एक पैकेट अधिकारी के हाथों में सरका दिया। अधिकारी ने आश्वासन दिया कि पुलिस की ओर से कोई दखलंदाजी नहीं होगी। एक दबंग ने आधा दर्जन मुस्टंड आदमी जुटाकर रविवार की छुट्टी वाले दिन मकान में रहने वाले आठों प्राणियों को सड़क पर खड़ा कर दिया–एक बूढ़ा, एक बुढ़िया, एक अधेड़ मर्द, एक अधेड़ मरगिल्ली औरत, दो जवानी में डग बढ़ाती लड़कियां व दो छोटे बच्चे। मकान के कमरे बेदरवाजा कर दिए गए। लैट्रीन तोड़ दी गई, बिजली व पानी के कनेक्शन निर्जीव बना दिए गए।

समाचार-पत्रों के स्थानीय पृष्ठ पर प्रकरण खासे समय तक खासा गरमाया रहा। खलनायक अमर और मित्तल जी दोनों बने। स्वतंत्रता सेनानी का पुत्र अपने पिताश्री के त्याग और नाम को भुना रहा है और पिताश्री अपने नाम को बेटे द्वारा भुनाने दे रहे हैं।

"अमर, तुम अपने इन नीच कारनामों से मेरे चेहरे पर कालिख की परत दर परत चढ़ाकर मुझे जलील कर रहे हो। इच्छा करती है कि मैं आत्महत्या कर लूं।"

"पापा, प्लीज इस सबको आप इतनी गंभीरता से न लें। वक्त ने इस सबको छूट दे रखी है। यह आज का बिजनेस है और खुलेआम हो रहा है।"

छोटे भाई सुरेन्द्रनाथ मित्तल जी से मिलने आए थे। वह सर्राफा बाजार में

तीसरे पहर से शाम तक सोने-चांदी की बिकवाली, खरीदारी की खरी दलाली करते थे। सुबह दो घंटे का समय उनका कुष्ठ आश्रम के संचालन में गुजरता था जहां उन जैसी परोपकारी मानसिकता का एक रिटायर्ड डॉक्टर अपनी सेवाएं सुलभ कराता था। सुरेन्द्रनाथ ने बताया कि इधर उनको कुष्ठ आश्रम के कार्य से लखनऊ और दिल्ली जाना पड़ा था। वह दो बार सांझ को आए थे। उनको बाहर बैठकी में बैठा देखकर गली के आधे मुहाने से ही लौट गए थे।

"अमर के इन नीच, भ्रष्ट कामों से दादा आपके नाम पर बट्टा लग रहा है," सुरेन्द्रनाथ बड़े भाई को दादा कहते थे, "उसे आपकी चिंता नहीं है, अपनी चिंता है और अपनी इस चिंता का भूत उसके सिर पर बुरी तरह सवार है। मैं अमर को समझाने-बुझाने उसके घर गया था। तीन-चार बार जाने पर ही उससे मुलाकात हो सकी थी। मैंने उससे कहा कि बेटे बाप के उजले, चमकीले नाम को और उजला, चमकीला करते हैं और एक तू है कि उस नाम पर मैला मल रहा है, दूसरों से थू-थू करवा रहा है। इस पर अमर का सवाल था, पापा जी ने अपने उजले, चमकीले नाम से क्या पाया? बेटे को भी क्या किसी चमकदार नौकरी से लगवा सके। उनके यह कहने पर कि इज्जत, प्रतिष्ठा पैसे से कहीं बड़ी चीज है, पानी उतरा मोती जैसे मोती नहीं रहता है वैसे ही इज्जत उतरा आदमी आदमी नहीं रहता है, बिना पहचान का हो जाता है, उसका जवाब था, यह सब कब के बीते-गुजरे दिनों की बातें हैं जिनकी आज कोई वकअत नहीं है।"

सुरेन्द्रनाथ ने चंद क्षण का विराम लेकर आगे बताया, "मैंने अमर से कहा, बेटे यह तो सोच कि मेरे इस निरे पोच, टुच्चे धंधे से पापा जी के दिल पर क्या गुजरती होगी तो जवाब था कि अगर बंदरी अपने मरे बच्चे को छाती से चिपटाए घूमती डोलती है तो यह बंदरी की नासमझी है, इसमें दूसरों की समझदारी बीच में कहां आती है। मैंने जब समझाने-बुझाने का कोई असर नहीं देखा तो अंत में यह चेताया कि तब तेरे पापा जी के पास एक ही रास्ता बचता है कि वह यह घोषणा कर दें कि उनका उससे पिता-पुत्र का कोई रिश्ता नहीं रहा है। इस पर वह एकदम तमक उठा। बोला, चाचा जी आपकी भलाई इसी में है कि आप अपनी यह लेक्चर-फेक्चरबाजी खत्म कर जल्द ही यहां से तशरीफ का टोकरा ले जाएं। दादा, अमर अब पहले वाला अमर नहीं रहा है। मैंने घर छोड़ते हुए उसे आगाह कर दिया है कि न तो मैं उससे दबने वाला हूं, न तेरे पापा।"

"सुरेन्दर, अमर की इन अधम, काले कारनामों से मैं आजिज आ गया हूं। सच कहता हूं, मेरा जी करता है कि मैं नदी में डूबकर या जहर खाकर अपने प्राणों का अंत कर दूं। अब जीना अपनी जलालत कराना हो गया है।"

बुआ चाय बनाकर रख गई थीं। बातचीत इस चाय के दौरान ही हो रही थी। चाय पी जा रही होकर भी पी नहीं जा रही थी।

"दादा, हिम्मत से काम लीजिए। जी कड़ा करिए। अखबारों में यह सूचना निकलवा ही दीजिए कि उनका अमर से पिता-पुत्र का जो रिश्ता है, उसे वह समाप्त करते हैं। सूचना की तारीख से अमर को उनका बेटा न माना जाए।"

दो मिनट तक आंख बंद कर मित्तल जी सोचते रहे।

"सुरेन्दर, इसका असर बहू और पोतियों पर भी पड़ेगा।"

"दादा, आपको इस सीमा तक सख्त होना ही पड़ेगा। माया-मोह को झिटककर यह उपाय भी करके देखिए। अमर जो आपके नाम, आपकी फोटो का बेजा फायदा उठा रहा है, उठा नहीं पाएगा।"

"अच्छा सोचूंगा।"

चौथे दिन तीसरे पहर बहू आई थी। कहा कि वह उनकी हो रही बदनामी से बहुत दुखी है। उसने उनकी पोतियों के पापा के पांव तक पकड़े थे कि वह वैसे कर्म छोड़ दें। लोग नमक-रोटी खाकर भी गुजारा करते हैं। अपने दोस्तों व मिलने वालों की नाक-भौं सिकोड़ने, मुंह बिचकाने की परवाह न कर वह कोई छोटा काम शुरू कर दें। पांच-सात सालों में छोटा काम भी मेहनत-लगन से बड़ा बन जाता है। उन पर इस सब कहने, खुशामद करने का कोई असर नहीं होता। उलटे गुस्सा होकर तोड़-फोड़ करने लगते हैं। मुझे गालियां देते हैं, मारते हैं। कहते हैं कि तुझ पर पापा, चाचा का रंग चढ़ा हुआ है। मूर्ख से अक्लमंद बनाने के लिए इसे उतारना है।

"सुरेन्दर आया था। कह रहा था कि मैं अखबार में यह सूचना छपवाकर सबको आगाह कर दूं कि मैंने अमर से संबंध-विच्छेद कर लिया है। अमर से मेरा बेटे का रिश्ता समाप्त माना जाए। लेकिन...लेकिन ऐसा करने से तुम और पोतियां भी इसकी चपेट में आ जाओगी। परेशानी यह है।" मित्तल जी की आंखें छलक आईं।

"पापा जी, आप मुझे और बच्चियों को उनकी किस्मत पर छोड़ दीजिए। हमारा नसीब आज जितना बुरा है, उससे ज्यादा तो बुरा नहीं होगा। ...पापा जी, यकीन करिए, आपके वैसा करने पर मुझे आपसे कोई शिकायत नहीं होगी।

वैसी सूचना छपवाकर आप लोगों की इस तोहमत से छुटकारा पा जाएंगे कि आप भी बेटे की करतूतों में शामिल-शरीक हैं।"

छोटा भाई दो-तीन बार उस सूचना के संबंध में आया था। उन्होंने हर बार 'सोचूंगा' या 'अभी तय किया नहीं' कह दिया था।

उन्होंने मन:स्थिति बिगड़ने या अस्थिर होने पर भी बैठकी में शामिल होना बनाए रखा था। अकसर उन्होंने पाया कि किसी की कोई दिलचस्प या पते की बात या मीठी छेड़छाड़ या मसखरी या हलकी-फुलकी घेराबंदी या हवाई गढ़ंत धारण की हुई पहले कोई-कोई बैठकी, फिर कई-कई बैठकी उनके लिए उपचार बन जातीं। मन में तब यह विचार भी आता कि लोगों के अमर से भी ज्यादा नालायक, खुराफाती और कुलबोरू बेटे हैं।

हरी पट्टी की सिंचाई करते हुए उनकी नजर में आया कि एक कोने में डेढ़ बालिश्त ऊंचा एक पौधा खड़ा है और उसकी कलगी पर उन्नाबी पंखुरी वाला एक नन्हा फूल प्रस्फुटित होने को आकुल है। उन्होंने तो यह पौधा लगाया नहीं था, न उस वंश का कोई अन्य पौधा वहां है। फिर यह सोचकर कि किसी चिड़िया ने उनके उस स्थान को उपयुक्त मानकर उस पौधे का बीजारोपण किया होगा, एक उजली स्मित उनके होंठों के गिर्द चिलक आई।

पंद्रह

किसी चरित्र का कोई अन्य जीवन प्रसंग यदि उपलब्ध होता है तो उसे भी देखना-परखना अत्यावश्यक है, भले ही वह पहले जैसा क्यों न हो। कुएं के लिए सात-आठ हाथ गहरा गड्ढा खोदने पर अगर पानी मिल जाता है तो खुदाई की इतिश्री नहीं होनी चाहिए। अधिक गहराई में जाने पर पानी स्वच्छ, निर्मल मिलता है। किसी प्रोटेट पर कपड़ा फिराने से यदि चेहरा पहचान देने लगता है तो वांछनीय है कि कपड़ा कुछ कसकर दुबारा फिराया जाए। चेहरे की पहचान जगाने वाली मोटी रेखाओं व प्रमुख रंगों के साथ तब महीन रेखाएं और दबे-ओझल दूसरे सारे जरूरी रंग भी उजागर हो जाएंगे। चरित्र का सही-सही परखना उसके अधिक से अधिक अंतर्विरोधों अर्थात् उससे संबंधित सारे पक्ष-विपक्षों में भीतर तक जाना होता है।

जगदंबा प्रसाद गर्ग के कन्या स्कूल में पिछले दो वर्षों में सातवीं कक्षा और बढ़ गई थी। जगदंबा प्रसाद ने अध्यापिकाओं के वेतन में बीस-बीस रुपए की वृद्धि कर दी थी, लेकिन पावती रसीद में यह वृद्धि दो सौ रुपए दर्शाई गई थी यानी दिए जाते थे मात्र तीन सौ सत्तर रुपए जबकि रसीद पर राशि होती थी एक हजार रुपए।

उस स्कूल में विगत पांच वर्षों से दुर्गा देवी राठौर नामक एक अध्यापिका भी नौकरी करती थी। उसने एम. ए. कर रखा था। बी. ए. भी उसने प्राइवेट पास किया था और एम. ए. भी। दोनों डिग्रियां उसकी तृतीय श्रेणी वाली थीं। इसके बचाव में वह कहती थी कि दोनों परीक्षाओं के दौरान वह बीमार हो गई थी। एम. ए. की परीक्षा तो उसने 104 डिग्री बुखार में दी थी। एम. ए. हिंदी में हूं बताने पर जब दूसरी ओर से मुंह बिचका दिया जाता था तो वह कहती थी कि बी. ए. में एक विषय उसका इंगलिश भी था। इंटर कॉलेजों और हाईस्कूलों में अपने लिए शिक्षिका के दरवाजे बंद पाकर उसने छोटी कक्षाओं वाले विद्यालयों में प्रवेश पाने का प्रयास किया था। वहां भी वेतन ऐसा ही था, बल्कि दो विद्यालयों में दो माह की गर्मियों की छुट्टी में अध्यापिकाओं

की भी छुट्टी कर दी जाती थी और उनको कोई पैसा नहीं दिया जाता था। जगदंबा प्रसाद वाले स्कूल में यह स्थिति नहीं थी। एक वर्ष बाद ही दुर्गा देवी में असंतोष की यह भावना सुगबुगाने लगी थी कि वेतन कम ही नहीं, काफी कम है। उन लोगों की अपनी गर्जमंदी के कारण उनका शोषण हो रहा है। उसने बड़े बाबू से तीन-चार बार इस शर्मनाक वेतन की शिकायत की थी। हर बार शिकायत यह बताकर दबा दी जाती थी कि उसको मिलने वाला वेतन अन्य अध्यापिकाओं से अधिक है जबकि उसे मात्र दस रुपए ज्यादा मिलते थे, उसके पास बड़ी डिग्रियां होने के सबब से। बड़े बाबू जवाब में कभी यह भी कह देते थे कि वह इसे स्वपोषित प्राइवेट स्कूल माने, सरकारी नहीं या कभी यह कि दूसरे वैसे स्कूलों में तो दिया जाने वाला वेतन और भी लचर है या मैनेजर महोदय, कभी-कभी यह मैनेजर महोदय संरक्षक महोदय भी हो जाता था, उनके आदेशानुसार ही भुगतान किया जाता है। दुर्गा देवी फिर साहस जुटाकर स्कूल के मैनेजर यानी कर्ता-धर्ता के आवास पर गई। बीस मिनट की प्रतीक्षा के बाद दो मिनट की मुलाकात में यह संदेश था, "मेरा अभी मुख्य लक्ष्य स्कूल को हाईस्कूल तक प्रोन्नत करने का है। हाईस्कूल हो जाने पर अध्यापिकाओं के वेतन में बड़ी वृद्धि की जाएगी। फिलहाल दस-बीस रुपए वाली वृद्धि साल-दो साल के वक्फे के बाद होती रहेगी।"

दुर्गा देवी का असंतोष बढ़ गया था। रह-रहकर यह असंतोष तेजी पकड़ लेता था। दूसरी अध्यापिकाएं भी असंतुष्ट थीं, मगर उनके असंतोष में आंच नहीं थी। दुर्गा देवी अपने अधिक करीब की अध्यापिकाओं से, जिनकी संख्या अति सीमित थी, प्रायः कहती थी, "स्कूल का मैनेजर काना है। काना व्यक्ति महाधूर्त होता है। ऐसी अकेली मेरी धारणा नहीं है। हजारों जनों के अपने-अपने व्यक्तिगत अनुभवों के आधार पर ऐसी मान्यता निर्मित हुई है। तभी तो कहावत है—काना राजा बड़ा सयाना।" कोई करीबी अध्यापिका बताती कि मैनेजर ने पत्थर की आंख लगवा ली है। उसका जवाब होता, "पत्थर की लगवा लेने से काने का दोष कम थोड़े हो जाता है, बल्कि धूर्तता वाली फितरत सान चढ़ी हो जाती है। हाईस्कूल तक पहुंच जाने पर अध्यापिकाओं की पगार फर्स्ट क्लास कर दी जाएगी, उसकी इस बात पर विश्वास नहीं किया जा सकता है। यह सरासर झांसा है।"

वह अपनी भूमिका को दमदार जताने के लिए अपने नाम के आगे लगने वाले राठौर को सिंह में परिवर्तित कर देती, "मैं बनिया-बक्काल नहीं हूं।

ठाकुर हूं, खप्पर वाली सिंह भवानी का रूप।"

सीतारानी के पति की तपेदिक से मृत्यु हो गई थी। वह भी दुर्गा देवी के करीब थी, बल्कि ज्यादा ही। वह कहती, "स्कूल में हम जितना टाइम देती हैं उतने टाइम में दस-पंद्रह बच्चों की ट्यूशनें कर हम इससे अधिक पैसा कमा सकते हैं।"

"आप सही कहती हैं। किसी नए काम में शुरू में ऊहापोह रहता है, हिम्मत जुटाकर काम शुरू कर देने पर काम चल निकलता है, कुछ अरसे बाद काम पेंगे भी भरने लगता है।"

दुर्गा देवी के दिमाग में आया वेतन नहीं बढ़ाते हैं तो नहीं बढ़ाएं, लेकिन पावती की रसीद पर हस्ताक्षर उतनी ही रकम के लिए कराएं जितना देते हैं। अधिक पर क्यों?

करीबियों ने कहा कि वेतन के मसले पर इस तरह से दबाव बनाया जा सकता है।

वेतन वितरण की तिथि पर जब दुर्गा देवी ने पावती की अधिक राशि वाली रसीद पर हस्ताक्षर करने से इनकार कर दिया, उसका वेतन रोक लिया गया। बड़ा बाबू रसीद पर हस्ताक्षर पहले कराता था।

तुलसी रानी ने भी वैसी रसीद पर हस्ताक्षर नहीं किए थे और उसका भी वेतन रोक लिया गया।

एक अन्य अध्यापिका ने भी नानुच किया, लेकिन फिर अगले दिन हस्ताक्षर कर दिए।

वैसी रण योजना निष्प्रभावी पाकर फिर एक पखवाड़े बाद उन दोनों ने भी अपना-अपना वेतन प्राप्त कर लिया।

असंतोष की चिनगारी बुझी नहीं थी। उसका सुलगना जारी रहा था। पहले वाली रण योजना के बेमतलब साबित होने से वह सुलगन अधिक सुलगने लगी थी।

"हम खामोश नहीं रहेंगे। इस अन्याय के विरुद्ध हड़ताल करेंगे।"

"तुलसी रानी आठ दिन तक धरने पर बैठी थी। हासिल के नाम पर सिफर हाथ लगा था।"

"तुलसी स्कूल के समय तक धरने पर बैठती थी। हम धरना नहीं हड़ताल करेंगे," एक मिनट की चुप्पी के बाद दुर्गा देवी ने हड़ताल को अधिक मारक बनाने का इरादा प्रकट किया, "हम भूख हड़ताल करेंगे, आमरण अनशन।

देखें जितना रसीद में दिखाते हैं उतना वेतन कैसे नहीं देते हैं? हम अन्याय के विरुद्ध खड़े होंगे तो दूसरे भी साथ में आ जुटेंगे।"

तुलसी ने ड्राइवर दाताराम को भूख हड़ताल के बारे में बताया। दाताराम बोला, "है तो यह सरासर गलत बात कि पगार कम दी जाए और दस्तखत ज्यादा पर कराए जाएं सो भी स्कूल जैसे विद्या के मंदिर में। भ्रष्टाचार नहीं तो यह और क्या है?" आगे बोला, "यह अंकल तुम्हारे साथ हैं।"

स्कूल में एक मुसलमान अध्यापिका नफीसा बानो भी थी। स्कूल में उर्दू विषय नहीं था। वह बी. एससी. तक पढ़ी हुई थी हालांकि बी.एससी. की डिग्री हासिल कर न सकी थी। वह गणित पढ़ाती थी और छात्राओं के नाखून बढ़े हुए तो नहीं हैं, दांत गंदे तो नहीं हैं, आंखें किचड़ई तो नहीं हैं, ड्रेस में कोई कमी तो नहीं–यह ड्यूटी भी उसके जिम्मे थी। काव्य-संगम के पोलियोग्रस्त पैर वाले बरकतउल्ला के पड़ोस में नफीसा बानो रहती थी और उनको चचाजान कहती थी। नफीसा ने अपने स्कूल में मालिक द्वारा हो रहे शोषण की जानकारी कई बार उनको दी थी। बरकतउल्ला ने इस पर जब-तब ऐसी टिप्पणी की थी, "सारे प्राइवेट स्कूल करीबन इस बीमारी से मुब्तला हैं।" जब नफीसा ने बताया, चचाजान, किसी भी दिन हमारे स्कूल की टीचरान भूख हड़ताल शुरू कर सकती हैं तो बरकतउल्ला अपना आधा टूटा दांत चमकाकर मुस्कराए थे, "देर आयद दुरुस्त आयद।"

"चचाजान, क्या यह जोखिम का काम नहीं है?"

"बिटिया, बड़े काम जोखिम उठाकर ही किए जाते हैं।"

उसी क्षेत्र में सुधीर कुमार नामक एक व्यक्ति रहता था। जहां कहीं धरना, हड़ताल, प्रदर्शन होता था, वह वहां पहुंचकर उसमें शामिल हो जाता था। पत्रकारों के खबर जुटाने के वास्ते आने पर उसका भी कोई न कोई विचार खबर का भाग बनता था। फोटो भी वह अपनी खिंचवा लेता था।

अगले सोमवार को स्कूल के बाहर बैनर व साया के लिए चादर तानकर आमरण अनशन पर दुर्गा देवी, तुलसी रानी व नफीसा बानो बैठ गईं। समर्थन में सुधीर कुमार भी। दोपहर तक ड्राइवर दाताराम और बरकतउल्ला भी शामिल हो गए। सहानुभूति रखने वालों व दर्शकों की आवाजाही के बीच दिन गुजर गया। सांझ खिसकने लगी। रात के ग्यारह बजे का सन्नाटा घिर आया। सुधीर कुमार ने अपने झोले में से कपड़े में लपेट-छिपाकर लाए गए कटोरदान में से पूड़ियां निकालीं और सूखे आलू की सब्जी व आम के अचार से खाना

शुरू कर दिया। भूख हड़ताल पर बैठे शेष सदस्य भौचक से उसे वैसा करते देखने लगे।

"सुधीर भाई, क्या आप आमरण अनशन की मुहिम में नहीं हो?" दुर्गा देवी ने धीमी आवाज में दरयाफ्त किया।

"आमरण अनशन पर आप सबके साथ हूं। आमरण अनशन लंबा पेट पूजा कर ही खिंचता है। मैं आप लोगों को सलाह दूंगा, बाजार जाइए। कोई न कोई दुकान खुली होगी। वहां से पावरोटी, बिस्कुट वगैरह खाने-पीने का सामान ले आइए। मैं ज्यादा पूड़ियां इसलिए नहीं लाया क्योंकि यकीन था कि आप लोग भी इंतजाम कर आए होंगे।"

"मेरा जमीर इसकी इजाजत नहीं देता," बरकतउल्ला बोले, "रमजान में मैं पंद्रह-बीस रोजे पूरे पाक, सच्चे तरीके से रखता हूं। नीबू पानी के सहारे पांच-सात दिन तो आदमी बिना खाए भी रह सकता है। बस अंदर इसके लिए पक्का नेक इरादा होना चाहिए।"

"मैंने कहा नहीं कि यह हमारे मकसद के हित में है कि आमरण अनशन लंबा खिंचे। लंबा खिंचने के लिए जरूरी है कि पेट में कुछ पड़ता रहे।"

"ऐसा करना तो धोखागीरी होगी। सच्चाई और शुद्ध मन से किए गए कामों का प्रभाव कुछ और ही होता है," ड्राइवर दाताराम ने कहा। स्वर में खटास थी।

"आपने ठीक फरमाया। असल, सच्चे और उसूलपाबंद काम की तासीर कुछ और ही होती है," बरकतउल्ला ने पुष्टि में कहा। यह भी जोड़ा, "गांधी जी मकसद हासिल करने के लिए साधनों की शुद्धता पर यकीन करते थे।"

"आपका भूख हड़ताल में छिपकर यों खाना हम लोगों को सही नहीं लगता," तुलसी रानी बोली।

"आप सब इस काम में नासमझ और नादान हैं। मेरा तजुर्बा बहुत लंबा है," पूड़ियां समाप्त करने में संलग्न सुधीर कुमार ने जवाब उगला।

दस मिनट बाद बरकतउल्ला जूती और गमछा सहेजकर उठ गए। जबान पर आए शब्द बेईमान के साथ बैठना बेईमानी में शामिल होना है पीछे ढकेलकर कहा, "मेरा जमीर मुझको इस तरह की भूख हड़ताल में शामिल होने से मना कर रहा है।"

पीछे-पीछे ड्राइवर दाताराम भी चला आया, "मेरी अंतरात्मा को भी गवारा नहीं है कि मैं झूठी हड़ताल पर बैठूं।"

तीसरे दिन पहले नफीसा बानो को पित्तदार पलटी हुई, फिर दुर्गा देवी व तुलसी रानी के मुंह और नाक से लसीला पानी बाहर आया।

भूख हड़ताल खत्म हो गई।

स्कूल के कर्ता-धर्ता जगदंबा प्रसाद ने आवास पर आए बड़े बाबू से कहा, "हड़ताली अध्यापिकाओं को सेवा समाप्ति का नोटिस मिलता इससे पहले ही हड़ताल समाप्त। टांय-टांय फिस्स। अच्छा ही हुआ यह। हड़ताल के दिनों का वेतन काट लेना।"

"श्रीमान जी, तुलसी रानी ने पहली हड़ताल पर क्षमा मांगते हुए लिखकर दिया था कि भविष्य में वह अनुशासनहीनता का कोई काम नहीं करेंगी।"

जगदंबा प्रसाद ने अपनी पत्थर वाली आंख पर उंगली फिराई, "तुलसी रानी का पति मर गया है। बेचारी विधवा है। उस शर्तनामे की याद न दिलाइए।"

सोलह

'काव्य संगम' के संस्थापक देवीदीन को ध्यान आया कि दस दिन बाद पड़ने वाली वसंत पंचमी को उनकी संस्था की ग्यारहवीं वर्षगांठ होगी। इस जानकारी पर उतने ही अहम दूसरे संस्थापक बरकतउल्ला ने राय जाहिर की कि इस सुनहरे मौके को उत्सव की शक्ल दी जानी चाहिए। इससे संस्था को पहचान मिलेगी और सर्वसाधारण के बीच अदब की जरूरत व उसकी अहमियत का संदेश जाएगा। इस राय में यह राय जुड़ी कि शहर की साहित्यिक-सांस्कृतिक संस्थाओं को भी उत्सव का भागीदार बनाया जाए। शहर में अनेकानेक संस्थाएं संस्कृति, परंपरा, सामाजिकता, भारतीयता, समकालीनता, विशेष विचारधारा की संरक्षक के मुखौटों में कुकुरमुत्ते की तरह उगी हुई थीं। तय किया गया कि केवल सात संस्थाओं तक ही इनकी भागीदारी सीमित रखी जाए। बरकतउल्ला का सात की संस्था पर जोर इस बिना पर था कि इंद्रधनुष के सात रंग होते हैं, हिंदू धर्म में अग्नि के सात फेरे लगाने पर ही विवाह संपन्न माना जाता है, लोक कथाओं में राजा की सात बेटियां या सात बेटे या सात रानियां होते हैं, अंतिम सत्य का रहस्य के सात परतों में छिपे होने की मान्यता है, सात की संख्या की मानव समाज में शुभ स्वीकृति है। सात संस्थाओं के चयन को मुश्किल न रखने का तरीका यह तलाशा गया कि इच्छुक संस्थाओं के सामने सौ रुपए की सहयोग राशि देने की शर्त रखी जाए। इससे उत्सव में होने वाले खर्च का भार उठाना भी बहुत कुछ आसान हो जाएगा।

आयोजन स्थल के मसले पर गौर किया जाना था। 'काव्य संगम' का जो मूल स्थान था, एक तो वह छोटा था, दूसरे वह दाल मिल का गोदाम रहा था। जिन दो-तीन और मौजूं जगह पर निगाह गई थी, वे सब किराए पर दी जाती थीं और उनमें से किसी का भी किराया पांच सौ रुपए से कम नहीं था।

देवीदीन ने अगले दिन ही बरकतउल्ला को खुशखबरी दी कि उपयुक्त स्थान की समस्या का हल करने का जिम्मा लक्ष्मण सिंह भैया ने ले लिया है। कहा कि उनकी पूरी कोशिश होगी कि स्थान नीम के पेड़ वाला मैदान

रहे। वह मैदान की उपयोग लायक सफाई करा देंगे और ऊबड़-खाबड़पन भी छंटवा देंगे। ऊपर शामियाना टंग जाएगा व कुछ कुरसियां दो कतारों में आमने-सामने के बाजू पर लग जाएंगी। श्रोताओं के बैठने के लिए बीच में दरी और चादर बिछ जाएगी। पूरी व्यवस्था चंगी। मैदान हासिल करने के लिए वह वहां रिहायश करने वाले प्रिंसिपल शर्मा और स्वतंत्रता सेनानी मित्तल को दाना डालेंगे कि उस सांस्कृतिक आयोजन का अध्यक्ष उन दोनों को बनाया जाएगा। उनकी अपनी शख्सियत का असर भी इसमें काम करेगा। लक्ष्मण सिंह, जिनके नाम के साथ भैया एक विशेष संदेश बोधक अंग बना हुआ था, पास के दूसरे मोहल्ले में रहते थे। वह चालीस वर्ष के थे। जिस्म से हट्टे-कट्टे थे। उनकी दबंगई और रंगीन मिजाजी ने इस हट्टे-कट्टेपन को और भी सबल बनाया था। उन पर मारपीट व औरतबाजी के एक दर्जन से ऊपर मुकदमे चले थे, लेकिन ठोस सबूत के अभाव में वे सब फुसफुसे साबित हुए थे। वह विभिन्न प्रकृति की कई संस्थाओं से जुड़े हुए थे जिनमें एक 'निर्झरणी' नामक साहित्यिक संस्था भी थी और जो उस आयोजन में शरीक हो गई थी।

बरकतउल्ला ने आशंका प्रकट की कि यद्यपि आयोजन की व्यवस्था में जरूर सहूलियतें मिलेंगी लेकिन मुख्य कार्यक्रम में वांछित गंभीरता व गरिमा नहीं रहेगी। आयोजन का फूहड़ता का शिकार बन जाना भी नामुमकिन नहीं है।

"जिंदगी में आगे बढ़ने के लिए अकसर समझौते करने पड़ते हैं। समझौते कभी-कभी अनचाहे लद भी जाते हैं। मेरे आयोजन का जिक्र करते ही लक्ष्मण सिंह भैया ने डोर अपने हाथ में पकड़ ली थी। उस डोर को मैं वापस तो ले नहीं सकता था। सब कुछ बढ़िया और सही होगा सोचने पर बढ़िया और सही हो भी जाता है।"

"तजरबा भी जिंदगी का एक अहम हासिल है।" बरकतउल्ला ने साथी को अपनी आशंका के साए से बाहर रखने के लिए ऐसा कहना जरूरी समझा।

निश्चित तिथि पर मैदान में दो घंटे पूर्व ही व्यवस्था हो गई थी। व्यवस्था सही व दुरुस्त थी, किंतु निश्चित समय के एक घंटे बाद ही कार्यक्रम प्रारंभ हो सका था। मंच की तीन कुरसियों में से बीच की कुरसी पर लक्ष्मण सिंह भैया विराजमान हो गए थे जबकि अगल-बगल की कुरसी पर प्रिंसिपल शर्मा और स्वतंत्रता सेनानी बैकुंठनाथ मित्तल। सामने मेज पर शीशे के तीन गिलासों में अध्यक्ष मंडल के सदस्यों के आगे तीन गुलदस्ते रखे हुए थे। दोनों बाजुओं

की कुरसियों पर आमंत्रित कविगण बैठे थे जिनकी संख्या पचास के लगभग थी। बीच की दरी पर बैठे आसपास के कौतुकी व दूर के वैसे आयोजन प्रिय श्रोताओं की संख्या चार-पांच गुनी थी। बिजली की सुचारु प्राप्ति के लिए कुछ फासले पर खिंचे तारों पर कटिया डाल ली गई थी।

बरकतउल्ला ने अपनी संस्था के साथ आयोजन में हिस्सेदारी करने वाली संस्थाओं का परिचय देने के बाद, जिसमें तीनों अध्यक्षों का परिचय भी शामिल था, अदब व इल्म की जरूरत पर पांच मिनट का वक्तव्य दिया कि ये आदमी को संस्कारित तथा दीक्षित करते हैं, अपसंस्कृति को छांटने के लिए इनका वजूद नीम, बबूल, पीपल के हरे गाछ सरीखा है, ये समाज में गलत क्या है, सही क्या है, इसको चीन्हने की समझ के साथ सही के पक्ष में खड़े होने को प्रेरित करते हैं, ये बदलते वक्त की आहट को सुनते और सुनाते हैं। वक्तव्य में वे कथन भी शामिल थे जो उन्होंने पेड़ के नीचे की बैठकी के सदस्यों को अपनी संस्था की नशिस्तों में शिरकत करने के फायदों के बारे में कहे थे कि जो दिखाई नहीं देता है लिटरेचर उसे दिखाता है, कि जहां रोशनी की कमी होती है वहां लिटरेचर चुपके से एक चिराग रोशन कर देता है, कि लिटरेचर आम आदमी के नींद में देखे गए खुशनुमा सपनों को हकीकत में ढालने की एक पुरजोर कोशिश है।

देवीदीन को अपनी संस्था के एक सदस्य को संचालन की बागडोर सौंपना था और इससे पहले कि वह वैसा करते लक्ष्मण सिंह भैया ने अपनी संस्था के आदमी को बागडोर संभालने के लिए आगे कर दिया। आगे करते हुए कहा कि यह जल्द न आउट होने वाला बल्लेबाज नवजोतसिंह सिद्धू है। इस नवजोतसिंह सिद्धू ने स्थिति का फायदा उठाते हुए अपनी ही संस्था के एक गीतकार सुकुमार प्रेमी को उनका तवील परिचय देकर आहूत किया। प्रेमी जी ने लहरियादार स्वर में गीत सुनाया–

सुमुखि आज फिर मने सुहाग की रात।
यह है मन की पुकार है तन की गुहार,
सुमुखि आज फिर मने सुहाग की रात।
जिस्म है कसमसा रहा है बंधन तार तार,
रस की है फुहार है सराबोर पावसी बहार,
सुमुखि आज फिर मने सुहाग की रात।
यौवन है जीवन है जीवन है सरस फुहार

पोर पोर मथे, मीड़े मधुमयी राग,
सुमुखि आज फिर मने सुहाग की रात।

फिर अपनी ही संस्था के वैसे ही गद्गद, मदमस्त करने वाले तवील परिचय के साथ एक-एक कर जिन चार कवियों को आमंत्रित किया, उन सबने मिलन, विरह, मनुहार, उलाहने के प्रेम गीत ही गाए। पांचवें कवि ने इसी मिजाज की एक नज़्म सुनाई। जिन कवियों के माल में ज्यादा खोट-खराबी थी, उन्होंने उसमें उतनी ही ज्यादा सुस्वरों व अलंकारों वाली पैकिंग की थी। विकट उपनाम के उस संस्था के जिस अंतिम कवि को बुलाया गया उसके परिचय में था, "श्रीमान जी को माइक की जरूरत नहीं है और वीर रस के जिस कवि को माइक की जरूरत रहती है वह वीर रस का कवि नहीं है।"

उम्र से वृद्ध किंतु वाणी से युवा विकट जी ने अपनी रचना दहाड़ी–

हर समस्या का है समाधान, बस समाधान का हो चुनाव सही,
बड़े से बड़ा बंद संदूक छोटी ताली से भी है खोला जा सकता,
बस ताली हो ठीक मिलान वाली,
हर रोग का है इलाज, बस निशाने पर हो सधा वार,
यानी हर समस्या का है समाधान, बस समाधान का हो चुनाव सही।
बतौर मिसाल हिंदुस्तान पाकिस्तान के बीच
सालोसाल काश्मीर का है जो अनसुलझा मसला,
विकट के पास है एक अति आसान नुस्खा,
हमारे चिर कंवारे प्रधानमंत्री अटल बिहारी जी से
जनरल परवेज मुशर्रफ अपनी बेटी का कर दें विवाह
और दे दें दहेज में काश्मीर।

वाह-वाह की दाद के साथ तालियां बजीं और देर तक बजती रहीं।

दूसरी संस्था 'कलम' में अंतर्कलह व इस बंदिश के कारण कि आयोजन में भाग लेने वाले कवियों को 'कलम' को बीस-बीस रुपए बतौर विशेष शुल्क देना होगा उसके उपस्थित सदस्यों की संख्या सिमटकर महज चार रह गई थी। इनमें से तीन ने गीत ही गाए थे। एक का ही गीत उत्तीर्ण अंकों वाला था। शेष दो के गीत खोखले थे, जिनका खोखल कतरन-कचरे से भरा गया था। चौथा कवि हास्य रस का था। उसने माइक थामते ही कहा कि जो वह कविता सुनाने जा रहा है वह उसकी नई है और पहली बार ही वह इसे सुना

रहा है। प्रसन्नता इस बात की है कि ऐसी सुधी-गुणी महफिल, जो कम ही कवियों को मिलती है, उसे मिली है। उसने कविता का शीर्षक 'मिनी जूता पुराण' बताया और कहा कि यह मुक्त छंद में है।

दाएं बाजू की एक कुरसी से आवाज आई, "मुक्त छंद नहीं रबड़ छंद। इस छंद में कविता लिखना आसान होता है।"

कवि ने उस आवाज को सुनकर भी अनसुना कर कविता पढ़ना शुरू कर दिया, कुछ ऊंचे आलाप में–

हमारे नगर में लगी थी नुमाइश,
नुमाइश में जूतों का भी एक बड़ा विंग था,
उस विंग में धकापेल थी
आदमी पर आदमी लदा था,
जिस पर लदा था गोया कि वह गधा था,
विंग में जूते ही जूते थे,
हर नंबर हर नाप के
बेटे के बाप के,
बाप के बाप के, बेटे के बेटे के,
नेता के, अभिनेता के।
मैंने दुकानदार से पूछा,
उस शो केस के जूते अन्य जूतों से,
कुछ खास व अलग दिख रहे हैं,
दुकानदार बोला ये वीआईपी जूते हैं,
ये पहने भी जाते हैं, खाए भी जाते हैं और खिलाए भी,
चलते भी हैं, चलाए भी जाते हैं,
शिष्य नाराज है तो यह गुरु के सिर पर लैंड करते हैं,
नाराजगी है तो भाषण के बीच
महामहिम की जानिब फ्लाई करते हैं,
दुकानदार बोला, अब मैं अपना मकसद बताऊं,
मकसद पूरा करने के लिए जूता हाजिर होगा।
पीछे खड़े एक बेजार दर्शक ने,
नॉनवेज गाली के साथ लताड़ा,
आपका जूता प्रेम देखकर,

मन होता है आपको जूते से सम्मानित करूं,
मैं यह कहकर तिड़ी हो आया कि
फोटोग्राफर की व्यवस्था कर वापस आता हूं।

यह मिनी जूता पुराण वहां जिस तरह हिट हुआ था और अधिकांश उपस्थितियों को जिस प्रकार गुदगुदाया, हंसाया था, उससे प्रभावित होकर संचालक ने हास्य व्यंग्य की धारा को कुछ समय तक बहाना उपयुक्त समझा। भागीदारी करने वाली संस्थाओं को एक-एक कर पूरा खर्च करने की नीति त्यागकर वह उक्त धारा के जिस कवि पर निगाह चली जाती थी उसको बुलाने लगा। उसने चोंच उपनाम वाले को आहूत किया। उस नगर में बहुत पहले इसी उपनाम के एक हास्य कवि हुए थे। उनकी मृत्यु के बाद नाम का फ्रेंचाइज उसने ले लिया था। चोंच ने नुकीली आवाज में पेश किया—

बूट लाखन ने बनाया,
चोंच ने एक गीत लिखा,
गीत चोंच का चल न पाया
और जूता चल गया।

"चोंच साहब, यह तो अकबर इलाहाबादी के कलाम की पैरोडी है।"

"जनाब ने जरा सा सब्र दिखाया होता। मैं खुद ही बताने जा रहा था कि यह अकबर इलाहाबादी की की गई छेड़छाड़ में इस नाचीज की की गई छेड़छाड़ है। अब अकबर इलाहाबादी की इस हाजिरजवाबी का जायजा लीजिए। अकबर साहब को पेड़ू पर शिद्दती दबाव महसूस हुआ। दबाव को खारिज करने के लिए वह गली के जिस मकान के नीचे रुके वह तवायफ का कोठा था। खिड़की से नीचे झांकने पर तवायफ ने अकबर साहब को पहचान लिया। शायरी से पहले पे जोड़कर उसने चुटकी ली, "जनाब तो पेशायरी पेश कर रहे हैं।" जवाब में फेंका गया, "अकबर क्या खाक शायरी पेश कर सकता है जब हो हाथ में कलम पर कलमदानी ऊपर।"

अबकी हाजरीन की बांछें खिल गईं। जबड़े खुल गए। जबड़े खुलने वालों में भैया जी भी थे। शर्मा और मित्तल जी के चेहरों पर भी चौड़ी मुस्कान चस्पां हो गई।

उसी निर्बंधित नीति के तहत संचालक ने आयोजन संस्था के हास्य कवि अटल जी को बुला लिया। अटल जी के सुनाने लगने पर "अगले ने किया

राई तो उसने चना किया" कई आवाजें आईं, "आप राई और चना बहुत कर चुके, अब कुछ नया करिए, नया।" जो नया उन्होंने सुनाया वह सीली हुई फुलझड़ी पाई गई।

हुक्का उपनामी एक दूसरे कवि की प्रस्तुति में भी गुड़गुड़ाहट कम फुदफुदाहट ज्यादा थी।

'वातायन' नामक संस्था के सदस्यों के बीच बैठा शुतुरमुर्गी गरदन वाला व्यक्ति उठ खड़ा हुआ, "इंजीनियर राजेश अरोड़ा साहब सरकारी काम में फंस गए। इस कारण लखनऊ से आ नहीं सके। अरोड़ा साहब ने संदेश भेजा है कि उनकी पुस्तक में से दो-एक कविताएं पढ़ दी जाएं। इजाजत हो तो पढ़ दूं।"

जब वह पुस्तक के साथ माइक की ओर बढ़ा, आवाज उठी, "क्या यहां भी प्रॉक्सी से हाजिरी लगेगी?"

मुख्य अध्यक्ष भैया जी ने हस्तक्षेप कर आवाज को खामोश किया, "श्रीमान जी, आपको तो अरोड़ा जी की इस बात की प्रशंसा करनी चाहिए कि इतने ऊंचे पद पर बैठे हुए भी उनमें कविता के प्रति पहले जैसा लगाव बना हुआ है।"

बतौर प्रॉक्सी पढ़ी गई कविता–

आओ मिल समवेत उचारें हम भ्रष्टन के भ्रष्ट हमारे।
देश हमारा चांदी-सोना, सुंदर झरने, सुंदर वादी,
गांधी बाबा दे गए हमको सब कुछ करने की आजादी,
आजादी को कैश कराएं ऐश करें मिलजुल कर प्यारे,
हम भ्रष्टन के भ्रष्ट हमारे।
उसकी तूती बोल रही है, भारत भर में डोल रही है,
कर काफी किल्लोल रही है, पोल सभी का खोल रही है,
आओ नक्कारा बजवा दें, हर तूती को आज नकारें,
हम भ्रष्टन के भ्रष्ट हमारे।
रोटी सेंकें तवा चढ़ाएं, अपने-अपने घर चमकाएं,
जनता को ठेंगा दिखलाकर आओ मिलकर दिया जलाएं,
अपने चेलों और चपाटों को अपने जीते जी तारें,
हम भ्रष्टन के भ्रष्ट हमारे।
नहीं आएंगी ऐसी घड़ियां, राजनीति है सबसे बढ़िया,
तज उसूल पैसों को पूजें श्वेत करें मुंह लेकर खड़िया,

इक छोटा सा दल अपना लें, फिर तो जमकर नोट डकारें,
हम भ्रष्टन के भ्रष्ट हमारे।
पक्षपात के बने समर्थक, मेरिट वेरिट सभी निरर्थक,
गुणियों को हम धता पढ़ा दें, चापलूस जी खाएं छकाछक,
पड़े रहें हमाम में नंगे, हमसे तो भगवान भी हारे,
आओ मिल समवेत उचारें, हम भ्रष्टन के भ्रष्ट हमारे।

"इस कविता की खूबी यह है कि इसमें हास्य भी है और व्यंग्य भी और ये दोनों मीठी चिकोटी वाले किस्म की हैं," भैया जी ने सराहना में कहा।

प्रॉक्सी करने वाले ने बताया, "कविता लंबी थी, मैंने कई अंश छोड़ दिए थे।"

"यह हम लोगों पर आपने बड़ी इनायत की। तहेदिल से आपका सौ बार शुक्रिया," राजेश अरोड़ा से खुन्नस रखने वाला एक बोला।

संचालक ने रस्तोगी जी को आहूत करते हुए उस आहूत को सजाया, "आपको वरिष्ठता नियम के आधार पर बाद में बुला रहा हूं। कला, साहित्य, संगीत व इसी तरह के क्षेत्रों में वरिष्ठता रचनाकार की आयु से नहीं, रचनाकार की अर्जित शोहरत की पूंजी से निर्धारित होती है।"

चिकनी, चमकदार, खल्वाट सिर वाले दिनेश रस्तोगी ने रूमाल से चेहरे व गरदन को पोंछा और तीन-चार बार खंखारने के बाद कहा, "आप सब लोगों की खिदमत में चंद अश्आर पेश कर रहा हूं। गौर फरमाइएगा।"

लोग कहते थे नया हो जा, पुरानापन उतार
मैं भी क्या करता सरे बाजार नंगा हो गया।

तेरे हुस्न का बाजा बज चुका है,
ये तो मैं हूं कि फिर-फिर सुनता जा रहा हूं।

यह माना कि मजनूं का मिलना है मुश्किल,
हमीं से काम चलाओ बड़ी उदास है रात।

जमीं के जब से खुदाओं का शिजरा हाथ लगा,
शहर के हैसियत वाले अदब से पेश आते हैं।

मौसमों का मिजाज कैसा है,
लड़कियों के हिसाब जैसा है।

दाद की बौछार के बीच जब रस्तोगी जी माइक छोड़ने लगे, गुहार हुई कि कुछ और हो जाए, कुछ और। उन्होंने माइक दुबारा पकड़ लिया। गजल का मक्ता कहने के बाद दो शेर के आगे वह अटक गए। माइक छोड़ दिया, "गजल डायरी में दर्ज है। डायरी लाया नहीं हूं। फिर किसी मौके पर सुनाऊंगा। नई है। अभी इसको मांजना भी है।"

बरकतउल्ला जो अपनी पक्की यानी पेटेंट लिबास अलीगढ़ काट पाजामा और कुर्ते में थे, माइक पर आ गए, "अभी आधे से ऊपर कवियों और शायरों को सुना जाना है। तीन घंटे गुजर चुके हैं। मेरी आने वाले अदबी भाइयों से गुजारिश है कि वे समय का खयाल रखें और अपनी बेहतरीन रचना ही सुनाएं। कच्ची, अधपकी रचनाएं सुनाने के मोह से बचें। इस तरह की महफिल में पुख्ता, पाएदार चीज पेश करने से ही पहचान मिलेगी। अगर आपके पास वैसा कुछ नहीं है तो सुनाने की बजाय दूसरों का वैसा सुनें। ऐसी सलाह देकर मैं अपने बहुत से साथियों को नाराज करने का खतरा मोल ले रहा हूं मगर आयोजन की सेहत व सफलता की खातिर यह खतरा उठाना मेरा फर्ज था। जरूरी भी।"

मुख्य अध्यक्ष भैया जी ने घड़ी देखी, "अभी कुल ग्यारह बजे हैं। कवि सम्मेलन और मुशायरे तो शाम से शुरू होकर सुबह तक चलते हैं। प्रोग्राम बढ़िया और मजेदार चल रहा है।"

बरकतउल्ला अभी माइक के करीब ही थे, "महफिल की शान और महफिल का सम्मान इसी में है कि सुनने वाले सुनाने वालों को उखाड़ें, उससे पहले सुनाने वाले खुद उखड़ लें।"

"जायकेदार से जायकेदार चीज अगर लगातार सामने आती रहे तो बेजायका हो जाती है," मुख्य अध्यक्ष भैया जी ने एक मिनट बाद संचालन में मदद करने के लिए कहा, "हास्य रस बहुत बह चुका। अब दूसरा रस सामने आना चाहिए। फिल्मी गीत भी तो किसी कवि या शायद द्वारा रचे गए होते हैं। समझ में नहीं आता कि फिर इनको क्यों इन साहित्यिक उत्सवों से दूर रखा जाता है। सुमन, तेरा गला तो बहुत सुरीला है। बहुत अच्छा गाते हो। हो जाए कुछ मास्टरपीस।"

मुंहासों, फुंसियों के कांटों से घिरे चेहरे वाले ने गाना चुना–

पान खाए सैंया हमारो
सांवली सुरतिया होंठ लाल लाल।
होइ होइ, मलमल का कुर्ता
मलमल के कुर्ते पर छींट लाल लाल
पान खाए सैंया हमारो।
हमने मंगाई सुरमेदानी
ले आयो जालिम बनारस का जर्दा
अपनी ही दुनिया में खोया रहे वो
हमरे दिल की न पूछे बेदर्दा–न पूछे बेदर्दा
पान खाए सैंया हमारो।
सांवली सुरतिया ओंठ लाल लाल।
बगिया गुनगुन पायल छुनछुन
चुपके से आई रितु मतवाली
आज खिल गईं कलियां दुनिया जानी
लेकिन न जानी बगिया का माली
पान खाए सैंया हमारो
मलमल के कुर्ते पर छींट लाल लाल।
खाए के गिलौरी शाम से ऊंघे
सो जाए वो दिया बाती से पहले
पान खाए सैंया हमारो
सांवली सुरतिया होंठ लाल लाल।

"खूब खूब। गाने को पूरा जिंदा उतार दिया। गाने को सुनकर तो पान खाने की तबीयत हो आई है। पान खाने पर ही तो कुर्ते पर पड़ेंगे छींटे लाल लाल।–सालिक राम, तूने क्या मुंह सिल रखा है? सीवन उधेड़कर तू भी अपना जलवा दिखा।" मुख्य अध्यक्ष भैया जी ने एक दूसरे जानने वाले को दुरदुराया।

सालिक राम ने दोनों हाथ जोड़कर चारों ओर वंदना में सिर नवाया। फिर गले से ओं ओं कर आवाज निकाली। आवाज संयत की। सुर साधा–

छोटी छोटी गैयां छोटे छोटे ग्वाल
छोटो सो मेरो मदन गोपाल।
आगे आगे गैयां पीछे पीछे ग्वाल
छोटो सो मेरो मदन गोपाल।

"सालिक, तू तो एकदम दूसरी पटरी पर गाड़ी ले आया। लेकिन इस पटरी पर ले आई गई गाड़ी ने सही दिशा पकड़ी है। भजन के बोल जो लिखता है वह भी कवि ही होगा। कविता की परिभाषा में भजन भी आना चाहिए," भैया जी ने कहा।

भैया जी के चुप हो जाने पर सालिक राम ने जहां से भजन रोका था, वहां से मुखड़ा उठाकर आगे का हिस्सा उठाने लगा–

घास खावें गैयां दूध पीवें ग्वाल
माखन खावें मेरो मदन गोपाल
छोटी छोटी गैयां छोटे छोटे ग्वाल
अरी छोटो सो मेरो मदन गोपाल।

भजन चल रहा था। छोटी छोटी गैयां छोटे छोटे ग्वाल छोटो सो मेरो मदन गोपाल का मुखड़ा आने पर बहुत से श्रोता उसे गाए जाने में साथ देने लगते थे। शर्मा और मित्तल जी के अधर भी रागमय बन रहे थे।

गठे जिस्म के एक अधेड़ उम्री शख्स ने छह उंगलियों वाला अपना हाथ हिलाया, "भैया जी, मैं अपने को रोक नहीं पा रहा हूं।" भैया जी के बोलने से पहले संचालक ने उसे बुला लिया, "छंगा महाराज, आप अपने को रोक नहीं पा रहे हैं तो मैं भी आपको रोकूंगा नहीं। पधारिए।"

बोल हवा में कलाबाजियां लेते हुए पंख खोलने लगे–

नदी नारे न जाओ श्याम पैयां पड़ूं–श्याम पैयां पड़ूं
नदी नारे गए तो जइबो करो,
बीच धारा न जाओ श्याम पैयां पड़ूं–श्याम पैयां पड़ूं।

गायक गाता हुआ गाए गए को वहां तक ले आया जहां बोल थे "उस पार गए तो जइबो करो, संग सौतिया न लाओ श्याम पैयां पड़ूं" और फिर वहां लाकर समाप्त किया जहां बंद था, "संग सौतिया लाए तो लैबो करो संग सौतिया न सोओ श्याम पैयां पड़ूं।"

एक बड़दंता शख्स अपनी जगह छोड़कर माइक की ओर बढ़ चला। अधरास्ते रुककर बोला, "तालियां मेरे लिए बचाकर रखिए। आपको तालियां बजाने में ज्यादा मशक्कत करनी पड़ेगी।" माइक पकड़कर शुरू हो गया, पहले वाले को पटखनी देने के अंदाज में–

अकेली डर लागे रात मोरी अम्मा, रात मोरी ओ अम्मा,
जबरे सिपहिया ने घूंघट पट खोलो... घूंघट पट खोलो...

जब गाए जाने वाले बोलों को आगे बढ़ाता हुआ उसने नायिका की जबरे सिपहिया की इस करतूत के बखान से अंत किया, 'भरतपुर लुट गयो रात मोरी अम्मा' तो उसने पाया कि तालियां विश्वास के अनुरूप ही बजी हैं। अपने स्थान की ओर वापस होने का उसका अंदाज पूर्व गायक को पटखनी दे दी है–वाला था।

मुख्य अध्यक्ष भैया जी हंसी छूती मुस्कराहट को संभालते हुए फिर कविता के दायरे को बड़ा करने लगे, "इन दो दादरा में शब्दों को जिस तरह तरतीब दी गई है, पेचोखम डालते हुए जिस तरह मनोभावों की फिनिश की गई है, वो किसी कवि की ही कारगुजारी हो सकती है।"

बरकतउल्ला के अंदर जब नापसंदगी, चिढ़ पर ताप चढ़ने लगता था, वह दांतों को ऊपर-नीचे कसने लगते थे, सिर के पीछे के बालों को खींचने लगते थे। पहले दांतों का कसना शुरू हुआ, फिर बालों का खींचा जाना होने लगा। वह अपनी पोलियोग्रस्त टांग पर तेज-तेज बल देते हुए मंच की ओर बढ़ गए। संचालक को परे हटाते हुए उन्होंने माइक को मजबूती से पकड़ लिया। नापसंदगी, चिढ़ के ताप को घटाया, "लंबे अरसे से कवि सम्मेलन, मुशायरे की जो शक्ल, जो रूप चला आ रहा है, हम उसी को जानते हैं, उसी के कायल हैं। फिल्मी गाने, भजन या दादरा, ठुमरी भी कविता, शायरी में आते हैं या नहीं, यह बहस का मुद्दा है। अभी तक फिल्मी गाने, भजन, दादरा, ठुमरी, कजरी वगैरह संगीत के खाने में दर्ज हैं। मैं बगैर किसी के विचारों, सोच का खंडन किए अर्ज कर रहा हूं कि इस आयोजन को करते समय हमारे दिलोदिमाग में कवि सम्मेलन की वही पुरानी तस्वीर थी मनोरंजन की, लेकिन सेहतमंद मनोरंजन की। यह आयोजन चूंकि 'काव्य संगम' की ओर से किया गया है, इस संस्था की इस इच्छा का मेहरबानी कर खयाल रखिए। इस आयोजन में शिरकत करने वाली संस्थाओं के जो कवि रह गए हैं, अब दावत सिर्फ उन्हीं को दी जाए। मेरी फिर अपने बिरादर कवियों से विनती है कि जिनके पास वजनदार कलाम हो, वही आगे आएं। अगर आप कमजोर, लचर रचनाओं को पढ़ने का लालच खुद दबा जाते हैं तो यकीनन आप में उम्दा, बढ़िया लिखने की जिद पैदा होगी। अगर यह सब कहते हुए मेरी जबान से कोई अहमकाना बात निकल गई हो तो माफ करिएगा।"

सत्रह कवि बच रहे थे। इनमें से केवल दस ने कविता पाठ किया। दो फिर भी ऐसे थे जो अपने फुसफुसे गढ़ंत को पढ़ने का मोह त्याग न सके थे। दो के गीत में उपमाओं का नयापन था। शेष छह कवियों की कविताओं में वर्तमान के कठोर यथार्थ की रचनात्मक अभिव्यक्ति थी।

सबसे अंत में बरकतउल्ला से सुनाने का आग्रह किया गया था। बरकतउल्ला ने सुनाने से पहले वही पुरानी भूमिका बांधी कि वह खुद कुछ नहीं लिखते हैं। दूसरों का लिखा हुआ पढ़ते हैं और जो उनके दिलोदिमाग में पैठ जाता है, उसी को मौका मिलने पर पेश कर देते हैं। ऐसा करते हुए यह सोच हावी रहती है कि नए लिखने वाले सीखेंगे कि असल कविता, असल शायरी क्या होती है। चूंकि उर्दू उनकी मादरी जबां है, इसी जबां के अदब से उनकी वाकिफियत है। उर्दू हिंदुस्तान में ही जन्मी और पनपी है और बहुत से हिंदू भाइयों ने इसे सींचा है, इसकी परवरिश की है। वैसे भी जो हिंदी वाले उर्दू जबां से परिचित हैं और जो उर्दू वाले हिंदी जबां से, उन दोनों की बोली-बानी में एक अनूठापन देखने को मिलता है। इन दोनों जबां का आपसी रिश्ता सगी बहनों वाला है। इस भूमिका के बाद वह असल मकसद पर आ गए।

जनाब साहिर साहब की गजल के अश्आर हैं–

न मुंह छिपाके जिए हम न सर झुका के जिए,
सितमगरों की नजर से नजर मिलाके जिए,
अब इक रात अगर कम जिए तो कम ही सही,
यही बहुत है कि हम मशाले जला के जिए।

इसी जमीन पर ये पंक्तियां हैं–

अपना इक संग दिल जमाने से छीन पाओ तो कोई बात बने,
सर झुकाने से कुछ नहीं होगा, सर उठाओ तो कोई बात बने।

जनाब गालिब ने इस जमीन पर बहुत पहले कहा था–

हूं मैं वह सब्जा कि जहराब उगाता है मुझे।

बरकतउल्ला साहब सुनाते हुए तरन्नुम का घालमेल नहीं करते थे। सीधे लेकिन सधे ढंग से इस तरह सुनाते थे कि अर्थ व भाव खुल जाते थे।

एक पाकिस्तानी शायर का यह कथन सुनाने के बाद कि 'मेरा कलम तो

है अमानत मेरे लोगों की, मेरा कलम तो अदालत है मेरे जमीर की' उन्होंने जब यह शेर सुनाया, पाल ले इक रोग नादां जिंदगी के वास्ते, सिर्फ सेहत के सहारे जिंदगी कटती नहीं, तो एक को मसखरी करने का रास्ता मिल गया, "बरकत भाई, वो कौन सा रोग है जिसे जिंदगी के वास्ते पालना है?" बरकतउल्ला मुस्कराए, "मोटी, कमजोर निगाह वालों के लिए यह सिर्फ इश्क हकीकी है, लेकिन महीन, खुर्दबीनी निगाह वालों के लिए यह सच पर अड़े रहने का भी रोग है, जोरोजुल्म से लड़ने का भी रोग है, दूसरों का भला सोचने और करने का भी रोग है, खुद के नुकसान की चिंता न कर सही फैसले लेने का भी रोग है, समाज और मुल्क की खिदमत करने का भी रोग है, गर्चे कि इश्क के अलावा भी जो रोग हैं शायर का मंशा उन सबसे है।"

प्रिंसिपल शर्मा जो काफी देर से कुरसी छोड़ने की सोच रहे थे, उन्होंने भैया जी को यह बताते हुए कि देर तक जागने से उनकी दो-चार दिनों तक तबीयत गिरी रहती है, घर की ओर रुख कर लिया। पांच मिनट बाद ही स्वतंत्रता सेनानी मित्तल जी ने भी। तब तक यह शेर भी पेश किया जा चुका था–

दुनिया मेरे किरदार पे शक करने लगेगी,
इस खौफ से मैंने कभी खद्दर नहीं पहना।

बरकतउल्ला ने समय का ध्यान रखते हुए दो और साहबे हैसियत शायरों के चार-पांच वे अश्आर, जिन्होंने लंबी उम्र पाई थी, बतौर नमूना पेश किए।

लक्ष्मण सिंह भैया ने अध्यक्षी भूमिका के निर्वाह में बहुत थोड़े शब्दों का सहारा लिया। संक्षिप्तता के पीछे खिंच चुका समय कारण नहीं था। कारण था ऐसे अनुशासनों का अंदर तक उतरकर प्राप्त हुए ज्ञान का न होना। कहा था, "बरकत भाई शायरी खुद नहीं रचते हैं, फिर भी उनका रिश्ता शायरी से गहरा है। मेरा भी कुछ रिश्ता कवि सम्मेलनों, मुशायरों से ऐसा ही है। कवि सम्मेलन, मुशायरे आम जनता का मनोरंजन करते ही हैं, जिंदगी के बहुत सारे पहलुओं से जुड़ी बहुत सारी गहरी, बहुत सारी पते की बात भी बताते हैं। विद्वानों, सिद्ध मनुष्यों द्वारा रची गई कहावतों में भी ऐसी ही गहरी, पते की बातें पाई जाती हैं। एक ऐसी कहावत है, 'जब राजा नल पर विपत्ति परी, भूंजी मछली जल में गिरी।' अर्थ है, घोर विपदा के दिनों में स्थितियां ऐसी बिगड़ैल होती हैं। दूसरी कहावत है, 'सिंह की मूंछ, भुजंग का सिर, पतिव्रता औरत की देह और सूम का धन जीवित रहते कौन ले पाया'?" यह कहावत

चंद बड़े सच से हमको परिचित कराती है। भैया जी का अंतिम वाक्य था, "इस काव्य उत्सव में सब रस बहे, इसलिए यह सालोसाल याद रहेगा।"

आयोजक संस्था 'काव्य संगम' के संस्थापक देवीदीन ने कविता पाठ नहीं किया था। उन्होंने अध्यक्ष भैया जी, भाग लेने वाली संस्थाओं, कवियों तथा उपस्थित श्रोताओं के प्रति धन्यवाद एवं आभार प्रकट किया। आभार के हकदारों में प्रिंसिपल चतुर्भुज शर्मा तथा स्वतंत्रता सेनानी बैकुंठनाथ भी शामिल थे जिन्होंने मैदान को इस्तेमाल करने की अनुमति दी थी।

अनुमति का किस्सा यों है—आयोजन से एक सप्ताह पहले लक्ष्मण सिंह भैया मैदान पर गए थे। पहले मित्तल जी से मिले थे जिन्होंने कहा था कि शर्मा जी को कोई आपत्ति नहीं होगी तो उनको भी नहीं होगी, लेकिन मैदान का उस कार्य के लिए दिया जाना दूसरों के लिए नजीर नहीं बनना चाहिए। नजीर की आशंका शर्मा जी ने भी की थी। भैया जी बोले थे कि कभी कोई दूसरा मैदान के लिए झंझट करे, खबर मिलते ही वह हाजिर होंगे, झंझट झाड़ देंगे। अगले दिन बैठकी में, जिसमें रायजादा के अलावा इंस्पेक्टर दीनदयाल भी उपस्थित थे, शर्मा जी के जिक्र करने पर दोनों बोले थे, "भैया जी जैसे व्यक्ति को मना करना और भी गलत होता।"

सत्रह

व्यक्ति का व्यक्तित्व उसकी कमाई होता है। अच्छी-बुरी कमाई ही तदनुसार व्यक्ति की सोच, समझ, सरोकार का निर्धारण करती है। विरले ही व्यक्ति अपनी सोच, समझ, सरोकार की परख-पड़ताल करते हैं जबकि आंतरिक सेहत के लिए, जिसके अंतर्गत नैतिकता भी आती है, समय-समय पर यह परख-पड़ताल, उथली नहीं गहरी, अत्यावश्यक है।

अशोक कुमार रायजादा लगातार दो दिन बैठकी से गायब रहे थे। तीसरे दिन जब वह शामिल हुए, उन्होंने इसका कारण बताया था। एक शाम उनका दौरे पर आए इंस्पेक्टर की दावत करने में गुजरा था। अगली शाम वह उनको स्टेशन पर सी-ऑफ करने गए थे। कई साल पहले भूरेलाल मौर्य, जो अपने को बी. एल. मौर्या बताना और बताया जाना पसंद करते थे, वहां सब-रजिस्ट्रार रहे थे। वह प्रोन्नति पाकर इंस्पेक्टर ऑफ रजिस्ट्रेशन एंड स्टांप हो गए थे और उनकी तैनाती के नियंत्रण में जो कार्यक्षेत्र आया था उसमें वह जनपद भी था। उनका सेवा रिकॉर्ड खासा रंगा-पुता था लेकिन अनुसूचित जाति के होने के आधार पर वह इस पद पर पहुंच ही गए थे। चूंकि रायजादा के पहले भी मि. मौर्या से संबंध हेलमेल किस्मी थे, उस संबंध को और प्रगाढ़ करना उनके पेशे के हित में था। अराइज नवीसी में लगभग आधी सदी से होने तथा अपनी व्यवहार कुशलता की वजह से वह अपने पेशे में मजबूती से जमे हुए थे। उनको अपनी नहीं अपने बेटे कमल कुमार की चिंता थी। कानून की पढ़ाई पूरी कर एडवोकेट का तमगा सज जाने के बाद उन्होंने उसे वकालत के पेशे में ही उतारा था। बेटे की वैसी बलवती इच्छा के साथ उनकी भी वैसी इच्छा थी। एडवोकेट से इज्जत, शान और शोहरत जुड़ी होती है। समाज में उसकी कुछ और ही अहमियत है। एक साल गुजरा, दो साल गुजरे, तीन साल गुजरे। काम का सूखा बना रहा। जेब खर्चा भी मुश्किल से निकल पाता। रायजादा तब बेटे को अपने पेशे की ओर हांक लाए थे। पांच-सात वकील वैसी स्थिति में डीड राइटर्स बन चुके थे। इसलिए शर्म-झिझक का ज्यादा बोझ ढोना भी

नहीं था। अपने काम में तो वह उसे शामिल-शरीक करने लगे ही थे, उसे नया काम भी मिलने लगा था। वह उसे इस पेशे में जल्द आगे बढ़ने के गुर सिखाने लगे, जिसमें एक था कि दफ्तर के हर छोटे-मामूली कर्मचारी को भी वह अपना बॉस माने। बेटा यों स्वभाव से विनम्र था, किंतु उस सीमा तक लाचार बनना उसे स्वीकार नहीं था। एडवोकेट होने की तमक उसमें अब भी बनी हुई थी। कहां कानून की शिक्षा प्राप्त वह और कहां अभ्यास से पेशे की भाषा और मजमून सीखे-जाने मुंशी। दो साल पहले एक और भी नया बछेड़ा एडवोकेट वकालत में अपने लिए दूर तक कोई हरियाली न देखकर इधर बढ़ आया था मगर एडवोकेट होने के अहसास को बनाए हुए। बेटे का उससे पूर्व परिचय के कारण मिलना-जुलना था जो उठने-बैठने, साथ-साथ चाय पीने किस्म का हो गया था। उसने एक अचल संपत्ति से संबंधित बैनामे के स्टांप शुदा प्रालेख के साथ रजिस्ट्रेशन का निर्धारित शुल्क प्रस्तुत कर दिया। उससे पूछा गया कि जो और भी शुल्क होता है वह कहां है? उसने कहा कि उक्त रजिस्ट्री उसके सगे मामा की है। "यहां रिश्तों के लिए कोई रियायत का चलन नहीं है।" संबंधित कर्मचारी ने उस दलील को परे खिसका दिया, "करीब-करीब हर रजिस्ट्री किसी न किसी के चाचा, ताऊ, मौसा, साले, बहनोई की होती है। आपकी अपनी निजी होती तो थोड़ी गुंजाइश की जा सकती थी।" पकौड़े जैसी नाक वाला दूसरा कर्मचारी मुस्कराहट का छींटा लगाता हुआ बोला, "आपने वह कहावत जरूर सुनी होगी, घोड़ा करेगा घास से दोस्ती तो खाएगा क्या?"

उसमें वहां के घटिया, बाजारू रवैये से कई बार और भी चिढ़ जगी थी। उसने दफ्तर के अंदर फैले भ्रष्टाचार के विरुद्ध शिकायती-पत्र टंकित कराया जिसमें अपने सगे मामा के प्रकरण का उदाहरण दिया और कर्मचारी के इस कथन का कि 'घोड़ा करेगा घास से दोस्ती तो खाएगा क्या' का भी उल्लेख किया। शिकायती-पत्र विभाग के सबसे उच्च अधिकारी इंस्पेक्टर जनरल ऑफ रजिस्ट्रेशन एंड स्टांप को संबोधित था। पत्र की पहुंच की सुनिश्चितता के लिए उसने उसे रजिस्टर्ड डाक से भेजा था। प्रति जिला मजिस्ट्रेट को भी प्रेषित की गई थी। उस शिकायती-पत्र पर हुई कार्रवाई के बारे में न तो मुख्यालय से न जिला मजिस्ट्रेट के यहां से उसे कोई सूचना मिली। दोनों स्थानों पर प्राप्तकर्ता द्वारा इस उल्लिखित उक्ति पर कि 'घोड़ा करेगा घास से दोस्ती तो खाएगा क्या' की जुगाली की गई थी। जब भेजा गया स्मरण-पत्र भी दब गया तो

उसने मान लिया कि चोर-चोर मौसेरे भाई होते हैं और एक-दूसरे के बचाव में ढाल बन जाते हैं। इसलिए फिलहाल कदम पीछे हटा लो।

एडवोकेट से अराइज नवीस बने इस व्यक्ति ने एक बैनामे का प्रालेख अव्वल वक्त पर ही दफ्तर में दे दिया था। अतिरिक्त वाला शुल्क भी संबंधित पक्षकार के द्वारा अंदर भिजवा दिया था। कार्यालय में इस बात की जानकारी थी कि उसने वहां व्याप्त भ्रष्टाचार के विरुद्ध शिकायत-पत्र भेजा था। तीसरे पहर सब-रजिस्ट्रार बाहरी कक्ष में डायस पर पड़ी अपनी कुरसी पर आसन ग्रहण कर बगल में उस दिन रजिस्ट्री के लिए आए प्रालेखों के गट्ठे में से प्रालेख निकाल-निकालकर वह संबंधित पक्षकार की पुकार उसके व्यक्तिगत सत्यापन आदि की खानापूरी के लिए लगवाने लगा। उसने चार-पांच प्रालेख निपट जाने के बाद भी अपने प्रालेख की पुकार न लगने पर सब-रजिस्ट्रार को बताया, "सर, मैंने अपना डॉक्यूमेंट बारह बजे से पहले ही सब्मिट कर दिया था।"

"जिस क्रम से मेरे पास डॉक्यूमेंट्स रखे गए हैं, मैं उसी क्रम से बुलवा रहा हूं।"

"हुजूर, इन वकील साहब की पिछले साल ही शादी हुई है।" रायजादा साहब ने, जो अपने दो प्रालेखों के सिलसिले में कक्ष में मौजूद थे, दांत चमकाते हुए कहा।

सब-रजिस्ट्रार के भी दांत चमक गए, "मुझे अगर इसका इल्म होता तो मैं वकील साहब को पहले नंबर पर निपटाकर घर जाने के लिए फ्री कर देता।"

चूंकि इस मजाक में उसके मित्र के पिता शामिल थे, वह इसको पचा गया।

छोटे-मोटे घटिया, गिरे व्यवहारों के बीच, जिनके वे बहुत कुछ आदी हो चुके थे, एक बड़ा कांड हो गया। कांड से संबंधित थे अधेड़ उम्र के वह वकील, जिन्होंने फर्स्ट क्लास में एल-एल. बी. की डिग्री हासिल की थी और जो अपने नकियाने के साथ-साथ हकलाने के दोष के कारण वकालत के पेशे में टिक न सके थे। गवाह से जिरह करते हुए या बहस के दौरान वह न्यायालय में हंसी के पात्र बन जाते थे। पीठासीन अधिकारी तक उनके इस दोष का मजा लेते थे। उनकी इस बेचारगी ने मुवक्किलों को उनसे दूर कर दिया था। तब वह स्वयं को इस पेशे में ढकेल लाए थे जहां दस्तावेजों को लिखने और उनको मजबूत कानूनी जामा पहनाने का काम था। लगभग बीस

वर्ष उनको इस सह-पेशे में आए हो गए थे। पेशे से जुड़े दांव-पेच व जरूरी व्यवहार कुशलता से भी सुपरिचित हो चुके थे। पांच सदस्यों का परिवार चलाने लायक आय हो जाती थी। हुआ यह कि उनके एक निकट संबंधी ने एक मकान का सौदा किया था। उन्होंने मकान वाले क्षेत्र के प्रशासन द्वारा तय किए गए सर्किल रेट के हिसाब से जो स्टांप ड्यूटी निकाली वह करीब बीस हजार रुपए बनती थी। संबंधी चौंका, "भाई साहब, यह तो बहुत ज्यादा है। मकान की कीमत के अलावा लिखा-पढ़ी का सारा खर्चा मेरे ही जिम्मे है।"

उन्होंने दफ्तर के उस कर्मचारी से बात की जो दस्तावेजों की स्टांप ड्यूटी पर नजर रखता था। कर्मचारी ने बताया कि मकान लबे सड़क नहीं है। गली में है। वह मकान को बहुत पुराना बताकर उसे गली के काफी अंदर दिखा दें। सर्किल रेट दूसरा हो जाएगा और स्टांप ड्यूटी चालीस प्रतिशत तक बच जाएगी। खरीदार को स्टांप ड्यूटी में जो आठ हजार बच रहे थे उसमें से श्रीवास्तव के सरनेम से जाने जाने वाले वकील ने संबंधी खरीदार से पंद्रह सौ रुपए उक्त कर्मचारी को भिजवा दिए। मकान की लिखा-पढ़ी मुकम्मल हो गई। चार माह बाद उनके संबंधी खरीदार के पास नोटिस आया कि बैनामे पर गलत बयानी से कम स्टांप शुल्क दिया गया है। कम दिए गए शुल्क को दस गुना डांड़ सहित एक माह के अंदर जमा किया जाए। श्रीवास्तव वकील उस नोटिस को लेकर कर्मचारी के पास गए और कारण पूछा। कर्मचारी ने बताया कि रजिस्ट्री किए गए दस्तावेजों की सूची जिला मजिस्ट्रेट के पास जाती है। स्थानगत जांच के लिए चिह्नित दस्तावेजों में उनका वाला भी दस्तावेज शामिल हो गया होगा। हलके के अमीन ने मौके पर जाकर वास्तविकता की रिपोर्ट दे दी होगी।

"आंपनें इंस जों-जोंखिम-खंत-खंतरे कीं ओंर आंगाह न-नहीं किंयां थां।"

"बच्चा न बनिए। जनाब तो डीड राइटर के पेशे में मुद्दत से हैं। कम स्टांप ड्यूटी देने के जोखिम से अच्छी तरह वाकिफ होंगे। ...डी. एम. के ऑफिस में बघेला से मिल लीजिएगा। वह जुगत बता देगा।"

"जुंगत बंताने का वों-वों संसुरा भी अंप-अंपना मोंटा हंक मांगेगा। यें तों संरांसर बेंव...कूंफ बंनाना हुंआ। न तों मैं न मेंरा रिंश्तेदांर अंब बेंवकूफ बनें-बंनेगां।" श्रीवास्तव को गलत फंसा देने पर गुस्सा आ गया था। उन्होंने नोटिस कर्मचारी की मेज पर रख दिया, "आंप-आं-आंप कीं दीं-दीं बलां-बलां हैं आं-आंप हीं निंपटां-टांओं।"

"मैं दो बार बता चुका हूं, मुझे एक जरूरी स्टेटमेंट तैयार करना है। फिर मिलिएगा।" कर्मचारी के नोटिस वापस सौंपने की कोशिश में नोटिस दूर जा गिरा।

श्रीवास्तव के बढ़े गुस्से में उनकी हकलाहट भी बढ़ जाती थी। शब्द गड्डमड्ड होने लगते थे। स्पष्टता दम छोड़ने लगती थी।

"हंमं-हंमं-मं-मं सें कोंई-ई मंत-मंत-लंब नहीं-हीं। आंप कीं-कीं दीं-दीं बंलां हैं। आं-आंप निंप-निंपटें-निंप-पं-टाएं।"

कर्मचारी को आ मां अक्षरों के फेंटे जाने से लगा कि उसको गाली दी जा रही है। उसने चपरासी को आवाज दी, "इस श्रीवास्तव को ऑफिस से बाहर कर दो। पगला गया है।"

चपरासी की बाहर करने की औपचारिक कोशिश से असंतुष्ट होकर कर्मचारी ने उठकर स्वयं धक्का दिया। श्रीवास्तव लड़खड़ाए। गिरे तो नहीं लेकिन कमरे से बाहर हो गए।

खबर धमाके की तरह फटी। श्रीवास्तव जी को बड़े बाबू गोयल ने धक्का मारकर दफ्तर से बाहर निकाल दिया 'गो आउट'। पांच-सात उस पेशे के नए-पुराने व्यक्ति दफ्तर में पहुंच गए, "यह तो बहुत गलत बात हुई। श्रीवास्तव साहब तो बहुत...।"

"श्रीवास्तव ने एक बैनामे की रजिस्ट्री कम स्टांप शुल्क लगाकर कराई थी। जब ऊपर से कम शुल्क मय दस गुना पेनाल्टी के देने का नोटिस आया तो इसकी तोहमत मुझ पर लगाने लगे। अगर कोई शख्स मां-बहन की गाली देता है तो उसे दफ्तर के बाहर किया जाएगा न कि सिर पर बैठाया जाएगा।"

"गों-गोंय-यल झूं-झूंठ बोंल रहें हैं। मैं-मैंने मां बहन की-की गाली नहीं-नहीं दीं। सिर्फ कंहा आंप-आंप कीं दीं बंला हैं आंप निंपटें निंप-प-टाएं। हंम सें कों-कोंई मंतलब नंहीं।"

मिलने आए लोगों को भी यकीन नहीं था कि श्रीवास्तव ने गाली दी होगी और वह भी मां-बहन की। हम असलियत का पता लगाएंगे कहकर वे वहां से चले आए।

रायजादा के बेटे कमल कुमार के साथी ने कमल कुमार से कहा कि यहां तो बदतमीजी की इंतहा है। आज हमारे एक वरिष्ठ को दफ्तर से दफ्तर वालों ने धक्का देकर बाहर निकाला है, कल वे जूता-चप्पल से भी हमको बेआबरू करने की हिम्मत कर सकते हैं। हम सबको सब-रजिस्ट्रार के

दफ्तर का बहिष्कार करना चाहिए। बतौर हक के दस्तावेजों पर जो अलग से वसूलयाबी की जाती है, इस मुद्दे को भी उठाया जाए।

साथी श्रीवास्तव के पास गया। कहा कि जो अराइज नवीस उनके करीब हैं वह उनसे बहिष्कार में शामिल होने को कहें। वह खुद भी दूसरों को इसके लिए राजी करेगा। अबकी बहिष्कार हो ही जाना चाहिए ताकि पता चले कि बदतमीजियों, ज्यादतियों का हम भी मुंहतोड़ जवाब देना जानते हैं।

दो-चार अराइज नवीस रायजादा साहब के पास, जो उस पेशे में अति वरिष्ठ और पहचान रखने वाले नग थे, उनसे सलाह लेने गए। रायजादा ने कहा कि मामला अभी गरमाया हुआ है, जरा ठंडा पड़ जाने दीजिए, दोनों पक्षकारों से अपनी-अपनी गलती के लिए खेद प्रकट करवाकर हाथ मिलवा देंगे। और फिर यह मामला तो सीधा स्टाफ और वकील के बीच का है, इसमें अराइज नवीस कहां से आते हैं। बायकाट करना हो तो वकील समुदाय करे। वकीलों का कहना था कि श्रीवास्तव उनके संघ के सदस्य नहीं हैं, वह डीड राइटिंग का काम करते हैं, तब उन लोगों का प्रस्तावित आंदोलन में कूदने का क्या तुक?

उबाल बैठ गया।

रायजादा साहब को अपने बेटे की पेशे में आए उस नए वकील से ज्यादा घुलमिल पसंद नहीं थी। उनकी धारणा थी कि वह खुराफाती स्वभाव का है। उसमें अपना हित-अहित सोचने की समझ नहीं है। बेटे का साथ गलत व्यक्ति से है। गलत साथ गलत असर डालता है।

"पापा, यह जो हर रजिस्ट्री पर सरकारी शुल्क के अलावा दफ्तर के खर्चे-पानी का शुल्क लिया जाता है, सही नहीं है। कर्मचारियों को सरकार से अच्छा-खासा वेतन मिलता है।"

"कमल बेटे, इस ऊपरी आमदनी का हिस्सा-बांट ऊपर तक जाता है। ऐसा माहौल हर दफ्तर, हर ऑफिस का है। हालात से समझौता कर अपने को ढालने पर तनावमुक्त जिया जा सकता है।"

इंस्पेक्टर मौर्या साहब की आवभगत में बेटा कमल कुमार भी शामिल था। उसने ही उनका जाम व्हिस्की से भरा था और अपने जाम से उनके जाम को 'मोस्ट वेलकम सर' के शब्दों के साथ टकराया था। रायजादा इंस्पेक्टर साहब को हाल में ही अपने द्वारा श्रीवास्तव वकील के वाकये की हवा निकालने

की जानकारी दे चुके थे। उन्होंने उनको अपने बेटे कमल की पेशे में उस नए आए वकील से कुछ ज्यादा ही दोस्ती की भी बात बताई थी और यह भी कि वह उस खुराफाती प्रकृति के वकील से बेटे की नजदीकियों में फांक डालने का प्रयास कर रहे हैं।

"कमल कुमार जी, सुना है कि आपकी इस पेशे में आए प्रदीप सिंह वकील से गाढ़ी छनती है। मैं भी जानूं कि उसमें ऐसी क्या खूबी है?"

"सर, इसका बड़ा भाई सुदीप सिंह लखनऊ यूनिवर्सिटी में मेरे साथ पढ़ता था। मैंने लॉ में दाखिला ले लिया था जबकि उसके भाई का चयन मेडिकल लाइन में हो गया था। संडे या किसी दूसरी छुट्टी के दिन कभी वह मेरे हॉस्टल में आ जाता था और कभी मैं उसके हॉस्टल में चला जाता था। शामें हमारी अकसर साथ-साथ कॉफी हाउस या किसी पिक्चर हॉल में गुजरती थीं।"

कमल कुमार ने अपने पिता रायजादा साहब को भी अपने मित्र के भाई सुदीप से अपने रिश्ते के बारे में बताया था, मगर एक तो विस्तार से नहीं, दूसरे रायजादा ने भी उसको लेकर दूर तक जानने में दिलचस्पी नहीं दिखाई थी। व्हिस्की का सुरूर उसमें जगने लगा था। वह खुल चला था। उसने इंस्पेक्टर मौर्या को बताया कि सुदीप थोड़ा खरी जबान का था। उसे जो कहना होता था, कह देता था। सुदीप के साथ सेक्रेटरी रैंक के अफसर का बेटा पढ़ता था। बेटा औसत दिमाग का तो था ही, अकसर क्लास से लंबा गोता भी लगा जाता था। बायो कैमिस्ट्री के टीचर प्रो. मल्होत्रा अकसर बेटे से लेक्चर के दौरान पूछते थे, समझ में आ रहा है न, अगर दिक्कत हो रही हो फिर से इस प्वाइंट को रिपीट कर दूं। वह उसकी एक या दूसरे बहाने से प्रशंसा भी करते रहते थे। सुदीप ने एक दिन क्लास में कह दिया, "सर, लगता है सकलेचा आपके सब्जेक्ट में टॉप करेगा और आपकी मेहरबानी से गोल्ड मेडल का हकदार बनेगा। आखिर वह फाइनेंस सेक्रेटरी का साहबजादा जो है, किसी किरानी, कबाड़ी का बेटा नहीं।" इस पर क्लास रूम में दबी-दबी हंसी छिटकी थी। उसकी इस फब्ती पर प्रो. मल्होत्रा ने उसे एक हफ्ते तक अपने पीरियड से बाहर रहने का पनिशमेंट दिया था। पांचवें दिन जब सुदीप ने अपने उस कहे के लिए माफी मांग ली तो उसे क्लास में बैठने की इजाजत दे दी थी। लेकिन प्रो. मल्होत्रा ने मन में उसके प्रति मैल

बनाए रखा। एम. बी. बी. एस. में डेढ़-डेढ़ साल के तीन सेमिस्टर होते हैं। पहले सेमिस्टर में प्रो. मल्होत्रा ने अपने वाले विषय में सुदीप को फेल कर दिया। फेल वाला विषय बिना क्लीयर किए हुए दूसरे सेमिस्टर में आने की पात्रता छात्र नहीं रखता है। छह मास बाद उस विषय में हुई परीक्षा में वह फिर फेल दिखाया गया। अगले छह माह बाद हुई परीक्षा में नतीजा वही रहा। तीसरी छह माह की परीक्षा भी सही साबित नहीं हुई। सुदीप वाले बैच के छात्र दूसरे सेमिस्टर को भी पार कर अंतिम सेमिस्टर में पहुंच गए थे जबकि वह पहले ही सेमिस्टर में फंसा हुआ था। उसमें और भी कड़वाहट पैदा हो गई थी। उसने प्रो. मल्होत्रा से कहा कि उसने कहीं पढ़ा है कि गुरु की तीन श्रेणियां होती हैं-देव, मानव और राक्षस। कोई-कोई इनको ब्राह्मण, क्षत्रिय और शूद्र का नाम देते हैं। देव या ब्राह्मण श्रेणी का गुरु अपने शिष्य के बड़े से बड़े अपराध को हृदय में स्थान नहीं देता है और उसके कल्याण के बारे में बराबर सोचता रहता है। मानव या क्षत्रिय श्रेणी का गुरु शिष्य के अपराध को कुछ ही समय तक हृदय में रखता है और वह भी शिष्य का अहित न हो इसका ध्यान रखता है। राक्षस या शूद्र यानी अधम श्रेणी का गुरु शिष्य के अपराध को अपने अंदर बराबर पालता रहता है और वैर भाव से उसके लिए गड्ढा गहरा करता रहता है। सुदीप ने प्रो. मल्होत्रा को कई बार तू राक्षस है, तू अधम है, तू महाराक्षस है, तू महाअधम है कहा और ऐसा कहते हुए हर बार थूका। वह अब डॉक्टर नहीं बन सकता है, ऐसा मानकर उसने विद्युत के उपकरण बनाने वाली एक कंपनी में नौकरी कर ली। यह नौकरी निरी मामूली थी, सहायक स्टोर कीपर की। उसके अंदर चिनगारी सुलगती रहती थी कि वह डॉक्टर बन सकता था, मगर नहीं बन पाएगा। राक्षस मल्होत्रा ने उसके कैरियर का बंटाधार कर दिया है। वह कंपनी की नौकरी से गैरहाजिर होकर मेडिकल कॉलेज पहुंच गया। पता चला कि प्रो. मल्होत्रा का उस दिन विश्राम है और वह कैंपस में बने अपने बंगले पर मरीजों को प्राइवेट तौर पर देख रहे हैं। वह वहां पहुंच गया। प्रो. मल्होत्रा के चैंबर में घुसने की हड़बड़ी में उसकी जेब से चाकू फर्श पर आ गिरा। मरीज के साथ आए तीमारदारों ने उसे पकड़ लिया। वह जेल में डाल दिया गया। उसकी मानसिक हालत डांवाडोल थी। जेल में उसको पागलपन के दौरे पड़ने लगे। आरोपी के पागल होने पर उस पर तब तक मुकदमे की कार्रवाई शुरू हो नहीं सकती जब तक

कि वह स्वस्थ नहीं हो जाता। जेल की लंबी बंदी ने उसके पागलपन को और उग्र बना दिया। वह आगरा के पागलखाने में भेज दिया गया जहां उसने दीवार से सिर टकरा-टकराकर आत्महत्या कर ली। आत्महत्या से दस दिन पहले वह आगरा उसके भाई को देखने गया था। उसको पहचानकर सुदीप बोला था, "कमल, तुम दो दिन के लिए मुझे यहां से बाहर निकलवा दो और एक पिस्टल की जुगाड़ कर दो। मैं उस हरामी प्रोफेसर को शूट कर दूंगा। उसे शूट कर मैं ठीक हो जाऊंगा।"

"सर, मेरी वकील प्रदीप से मित्रता की पृष्ठभूमि यह है। मेरे दोस्त में अपने भाई के कुछ जींस हैं। वह दिल से बहुत नरम, कोमल है और एक उम्दा इनसान है।"

इंस्पेक्टर मौर्या व्हिस्की को सिप करते हुए सुदीप से जुड़ी कहानी को, जो किसी सनसनीखेज फिल्म जैसी थी, सुन रहे थे। उन्होंने दो घूंट बची व्हिस्की गले से नीचे उतारकर कहा, "कमल कुमार जी, सुदीप में जो अराजकता, दूसरों से जबरदस्ती पंगा लेने के जींस थे और जो आपके इस मित्र के खून में भी मौजूद हैं दुनिया की नजर से या सफलता-असफलता के पैमाने पर अच्छे तो नहीं कहे जा सकते हैं। इन जींस की वजह से सुदीप का कैरियर ही नहीं खत्म हो गया, उसने अपनी जिंदगी भी खत्म कर ली। मुझे नहीं लगता है कि आपका दोस्त भी इन जींस की वजह से अपने पेशे में सफल हो पाएगा। कुछ लोग नाम की खातिर इस तरह की उखाड़-पछाड़, उठा-पटक, तोड़-फोड़ का काम करते हैं। इस तरह के काम से अपना धाम यानी घरबार भी खोते हैं और अपना काम यानी रोजी-रोटी भी।" एक पेग और लेने का इशारा करने के बाद कहा, "कमल कुमार जी, बहुसंख्या में लोग जिस रास्ते पर चलते हैं, उसी रास्ते पर चलना समझदारी होती है। समझदारी यह भी है कि दरवाजा अगर टेढ़ा है तो टेढ़े होकर घुसो और अगर दरवाजा नीचा है तो सिर झुकाकर। आपके पापा ने इस पेशे में अपने को बहुत अच्छी तरह जमाया है, उनकी इज्जत भी है। उन्हीं के उसूलों पर चलकर खुद को जमाओ और इज्जत पैदा करो।"

रायजादा ने बैठकी में इंस्पेक्टर मौर्या की दावत का कुछ इतराने वाले अंदाज में खुलासा कर दिया था। इस खुलासे में बेटे और इंस्पेक्टर साहब की बातचीत शामिल थी और यह भी कि उन्होंने इंस्पेक्टर साहब को बता दिया

था कि उनके बेटे के पेशे में नए आए वकील प्रदीप के साथ जिस किस्म का हेलमेल है, वह उन्हें नापसंद है और इंस्पेक्टर साहब ने इस दिशा में अपनी भूमिका बखूबी निभाई थी।

प्रिंसिपल शर्मा और स्वतंत्रता सेनानी मित्तल ने कहा कि बेटे को लेकर उनकी चिंता स्वाभाविक है। चौथे साथी दीनदयाल बोले कि उनके बेटे में पिता के जींस हैं और उन्हें पूरा यकीन है कि बेटा अपना हित-अहित बहुत जल्द जान जाएगा।

अठारह

समय सरपट दौड़ रहा था। समय कुटिल बनता जा रहा था। नहीं, समय अपनी सामान्य निर्धारित गति से बढ़ रहा था। समय कुटिल भी नहीं बना था। वह अपनी सहज-संयमित प्रकृति धारण किए हुए था। दरअसल समय की गति तथा प्रकृति का विशेष बोध मुख्यतया व्यक्ति विशेष के जीवन के किसी खंड पर घटने वाली घटनाओं, हलचलों के घात-प्रतिघात की परिणति होता है। यह चाह से अनचाह वाली स्थिति होती है। वैसी प्रतिकूली, हड़कंपी घटनाओं, हलचलों का जिम्मेदार यह व्यक्ति विशेष स्वयं होता है।

प्रिंसिपल शर्मा की भतीजी सुचित्रा अपने नए पति बलराम यादव के साथ इधर सप्ताह, डेढ़ सप्ताह के अंतराल से कई बार मकान में अपने हिस्से के संबंध में आई थी। दो बार शर्मा ने वही पुरानी दलील दी थी कि उन्होंने उसकी मां व उसकी परवरिश पर बहुत खर्च किया है और जरूरत पड़ने पर उसके पिता की भी रुपयों-पैसों से मदद की है। इसके जवाब में उन दोनों ने कहा था कि वे उनकी ऐसी पोली, बेपेंदी की दलीलों को मानने से पहले ही इनकार कर चुके हैं। उन दलीलों को सामने करते हुए उनके जेहन में यह बात क्यों नहीं आती कि उन्होंने मां-बेटी को सुबह से देर रात तक काम में जोता है, जले बरतन रगड़ने में, पहले के, पहने हुए कपड़े धोने में, झाड़ू-पोंछा करने में। अब आगे से वे ऐसी दलीलें न दें, बल्कि उनको देते हुए शर्म खाएं। एक बार उन्होंने कहा कि हिस्सा मांगने का पहला हक तो मां का है, वह क्यों नहीं सामने आती है? तीसरे दिन ही सुचित्रा ने मामा के यहां से मां को लाकर सामने खड़ा कर दिया था। मां ने हाथ जोड़कर विनती भरे स्वर में कहा था, "देवर जी, आप तो बहुत पढ़े-लिखे हैं। बड़े मास्टर का पद पाया है। आप जानते हैं कि पिता की संपत्ति पर उसके दोनों पुत्रों का बराबर का हक होता है। आप मेरे हिस्से को खाली कर दीजिए। हिस्सों को अलग करने वाली आंगन में उठी जिस दीवार को आपने गिरा दिया था, उसको फिर उठवा दीजिए। आपकी इस विधवा भाभी की आपसे यह चिरौरी है।"

"भाभी जी, आपने देवर-देवरानी के हित की चिंता बिसार दी। बेटी-दामाद ने जो सिखाया-रटाया वो बोल दिया। आप मेरे बारे में सोचिएगा, मैं आपके बारे में सोचूंगा।"

अगली बार उनके आने पर शर्मा ने बलराम यादव को समझाना चाहा। पहली मर्तबा नोटिस भेजने के बाद भी शर्मा ने बलराम को समझाने की कोशिश की थी। उस कोशिश में उन्होंने सुचित्रा को कलमुंही बताकर कहा था कि वह गलत लड़की के जाल में फंस गया है। लड़की ने दो खसम छोड़कर जो उसे तीसरा खसम बनाया है किसी चौथे से मामला फिट होते ही वह उसे भी छोड़ देगी। बलराम ने तब बिना उत्तेजित हुए जवाब दिया था कि परंपरागत शादियों से ज्यादा पक्की यह शादी है। इस बार शर्मा के यह कहने पर कि अपना मतलब साधने के लिए सुचित्रा ने उसे आगे किया है, मतलब सध जाने पर वह उसे बाहर का रास्ता दिखा देगी, रंडियों का कोई कौलफेल नहीं होता है, बलराम तमक उठा था, "खबरदार, जो फिर इस शब्द का इस्तेमाल किया। दुबारा इसे मुंह से निकालने पर मुंह इस लायक नहीं रहने दूंगा।"

सुचित्रा भी उबल गई थी, "तू रंडा है। बेईमानी, फरेबी करना, अपने सगों का हक मारना क्या पवित्र काम है? रंडियां जिस्मफरोशी करती हैं, तुम जैसे इनसान अंतरात्मा फरोशी। तू अगर मेरा विवाह कहीं करता तो मेरे भले की बजाय अपने भले की ज्यादा सोचता, विवाह के खर्चे में भी डंडी मारता।"

तीन और बार जाने पर शर्मा ने कहा था कि उनको अपने वकील से मशवरा करना है। वकील से मुलाकात हो नहीं पा रही है।

अब तक वे सुबह दस बजे के आसपास, या तीसरे पहर, शर्मा जी से उनके घर पर या उनके बाहरी कमरे में मिलते थे। उस दिन वे बैठकी के समय और ठिए पर नमूदार हुए थे। शर्मा के अलावा बैठकी की वे तीनों शख्सियतें मौजूद थीं। भतीजी ने पूछा, "चाचा जी, आपकी अपने वकील से क्या मुलाकात हो गई? ज्यादा टालमटोल सही नहीं है। अपने हिस्से पर कब्जा हमें लेना ही लेना है।"

"मेरे वकील का कहना है कि जो हिस्से पर अपना हक बता रहा है वह अदालत जाए। अदालत तय करेगी कि हक मांगने वाला हकदार है कि नहीं।"

"सुचित्रा अदालत जाए और जनाब सालोसाल मुकदमा तय नहीं होने दें। मैं वकील हूं। दीवानी अदालतों के हालात जानता हूं। दादा मुकदमा दायर करें और पोता फैसले का इंतजार करे।" बलराम यादव के चेहरे की रंगत और

रेखाएं ताप चढ़ी हो गईं, "तुम घाघ हो और तुम्हारा वकील भी। कौवे वाला यह घाघपन नहीं चलने दूंगा। फैसला अदालत के बाहर होगा, अदालत के बाहर। तुम हिंसा के लिए उकसा रहे हो। हिंसा के तौर-तरीकों से यह बंदा बखूबी परिचित है।" चेहरे की रंगत व रेखाएं और बिगड़ीं, "तेरी खोपड़ी में यह धंसाने के लिए मैं फिर बता रहा हूं कि यह बलराम यादव एक वर्दीधारी सिपाही की बदतमीजी छांटने पर तीन साल जेल में रह चुका है। तबीयत हो रही है कि सुचित्रा से कहूं तेरे सिर पर अपनी जूती से पूजा तुम्हारे इन दोस्तों के सामने कर दे।"

"नहीं, यहां नहीं। मैं अपने पूज्य चाचा जी की सिर की पूजा बीच चौराहे पर करूंगी ताकि जनता-जर्नादन जान जाए कि हाईस्कूल का हेडमास्टर होकर भी अपने को प्रिंसिपल बताने वाला श्री चतुर्भुज शर्मा असलियत में है क्या? यह कितना धूर्त, कितना बेईमान, कितना कमीना है।"

जब ऐसे संवाद, ऐसे तरकशी शब्दों के बाण चल रहे थे, मित्तल पेट में परेशानी है, का इशारा कर उठ गए थे। शर्मा ने वहां बचे साथियों से कहा, "मैं पुलिस में इन दोनों के खिलाफ रपट लिखाऊंगा। आप गवाह हैं कि किस तरह से उस चुड़ैल सुचित्रा और उसके गुंडा प्रेमी ने मुझसे गालीगलौच की और मारपीट पर उतारू हो गए।"

"भाई साहब, औरत जब अपनी शर्म उतार देती है तब वह मर्द बन जाती है, मर्द भी मामूली नहीं, गैरमामूली, दो हाथ ऊंची, लंबी जबान वाली," इंस्पेक्टर दीनदयाल ने कहा।

"शर्मा जी, कानून का थोड़ा-बहुत मैं भी इल्म रखता हूं। पिता की संपत्ति में हर पुत्र का हिस्सा होता है। पुत्र की मृत्यु के बाद उसकी पत्नी और संतान का," रायजादा ने कुछ अधिक स्पष्टता से कहा।

शर्मा जब मरे मूस जैसा चेहरा लिए घर के अंदर आए, पत्नी ने कारण जानना चाहा। जानकर बोली, "मैं आपको पहले भी समझा चुकी हूं कि सुचित्रा को उसका हिस्सा देकर आस-पड़ोस की चखचख और थू-थू से बचिए। सुचित्रा अब पहले वाली सुचित्रा नहीं है। सुचित्रा और उसका आदमी एक-एक दो की बजाय एक-एक ग्यारह हो गए हैं। यह सुचित्रा पर अब छोड़िए कि वह अपने हिस्से को कैसे बरतती है, अपनी मां और आदमी के साथ रहकर या किराए पर उठाकर या फिर उसे बेचकर।"

"बड़ी समझदार बन रही हो। अक्ल घास चरने चली गई है लगता। हटो

मेरे सामने से। हटो..." शर्मा का मरा चेहरा पूरा मर नहीं रहा था।

बैकुंठनाथ मित्तल भी इधर शिद्दत से महसूस कर रहे थे कि समय नस्ली घोड़े की तरह दौड़ रहा है। समय दुष्ट प्रतिकूलता धारण करता जा रहा है। अपनी इस मन:स्थिति के लिए वह स्वयं उत्तरदायी थे जबकि वह इसका दोष समय के मत्थे ही मढ़ रहे थे। यदि कोई अपने को सुविकसित नहीं करता और सही निर्णय लेने से बचता है तो उसकी दिमागी हालत लगभग यही होती है।

अमर के उस तरह के भ्रष्ट कांडों पर विराम लगा था। कांड वह अब भी कर रहा था, लेकिन चूंकि वे मामूली, छोटे थे, उनकी आहट उन तक आ नहीं पा रही थी, या आ पा रही थी तो वैसी है भी या नहीं, इसको लेकर उनको भ्रम रहता था। उन्होंने मान लिया था कि गंदगी थिरा रही है और थिराना धीरे ही धीरे होता है। किंतु अमर ने फिर दो बड़े भ्रष्ट कांडों को अंजाम दे दिया था। इत्तफाक से इन दोनों का शिकार मुसलमान बंधु थे। एक को अंजाम देने के लिए उसने एक हिंदू राष्ट्रवादी सरोकार के ऊधमी व्यक्ति की सहायता ली थी। हशमतउल्ला नाम का शख्स हिंदू बहुल मोहल्ले में रहता था। दो बार शहर में एक कत्ल और दो छुरेबाजी की वारदातों के बाद सांप्रदायिक तनातनी रही थी। उस तनातनी में भी हशमतउल्ला अपने मकान में टिका रहा था। वह जूतों का कारोबार करता था। मकान पुराने वक्त का था जिसमें जगह की कमी नहीं थी और जिसमें जरूरत के मुताबिक जब-तब तामीर भी हुई थी। दो मकान छोड़कर जिस आढ़ती लाला का मकान था उसकी निगाह में हशमतउल्ला का मकान चढ़ गया था। लाला अपने छोटे बेटे को गत्ते के डिब्बे बनाने की फैक्टरी लगवाना चाह रहा था जिसका एक अंग प्रिंटिंग मशीन भी होगी जो ऑर्डर देने वाली फर्मों, दुकानों, ग्राहकों के डिब्बों पर चिपकाए जाने वाले लेबिलों की पूर्ति करेगी। लाला ने हशमतउल्ला के मकान से पहले वाले मकान का सौदा कर उसे हासिल कर लिया था, लेकिन उस मकान की जगह इच्छित फैक्टरी के लिए अपर्याप्त थी। इसलिए हशमतउल्ला का मकान पाना उसके लिए अनिवार्य जैसा हो गया था। उसने स्वयं हशमतउल्ला को पटाने की कोशिश की थी। हशमतउल्ला का कहना था कि उस मकान का एक बड़ा कमरा जूतों का स्टाक रखने में इस्तेमाल होता है। मगर इस मकान की सबसे बड़ी अहमियत उसके लिए यह है कि इसमें उसकी वालिदा और वालिद की कब्र हैं। मकान को बेचना अपनी वालिदा और वालिद की यादगारी

को बेचना होगा, एक नापाक काम। लाला के भेजे दलाल को भी उसका यही बताना था। तब लाला ने अमर को साधा था और उसका बताया मेहनताना देने को राजी हो गया था। अमर ने उस हिंदू राष्ट्रवादी ऊधमी की सेवा लेना ठीक समझा था। ऊधमी ने पहले दुकान पर अपने एक चेले को खरीदा हुआ जूता वापस करने के बहाने दुंद काटने के लिए भेजा था जबकि जूता वहां से खरीदा ही नहीं गया था। एक सप्ताह बाद एक और चेले को बखेड़ा करने के लिए भेजा गया था कि सैंडिल के दाम ज्यादा लिए गए हैं जबकि बताए जाने वाले दाम लिए ही नहीं गए थे। फिर दुकान में रात को आग लगाई गई लेकिन आग अंदर के हिस्से में पहुंचने से पहले ही बुझा दी गई। तब अमर के शातिर दिमाग में एक रामबाण तरकीब आई। उसमें एक जाली इकरारनामा तैयार करवाया जिसमें यह तहरीर थी कि हशमतउल्ला और लाला के बीच मकान का सौदा हो गया है, बयाने में हशमतउल्ला को दस हजार रुपए की रकम दी गई है, हशमतउल्ला छह माह के अंदर बैनामा की लिखा-पढ़ी कर मकान पर लाला को काबिज करा देगा। छह माह बाद वह राष्ट्रवादी ऊधमी अपना गिरोह लेकर मकान पर पहुंच गया था और हशमतउल्ला के परिवार को मय सामान बाहर कर दिया था। इकट्ठा हो गए लोगों से लाला ने कहा कि सौदे की बकाया रकम वह साथ लेकर आया है। हशमतउल्ला पावती की रसीद लिखकर वह रकम ले ले।

दूसरे कांड में अमर ने एक ठेठ पुलिसकर्मी की मुट्ठी गर्म कर उसे अपने हाथ में आए मिशन में शामिल किया था। यहां भी शिकार बना मुसलमान बंदा हिंदू मोहल्ले का बाशिंदा था। बगल में सरिया-सीमेंट के कारोबारी मारवाड़ी को अपने मकान को विस्तृत करने के लिए उसके मकान की जरूरत थी। इस मुस्लिम बाशिंदे का सगा भाई अपने बीवी-बच्चों के साथ पाकिस्तान में रहता था। साल भर पहले वह भाई के बुलावे पर एक माह के लिए उस मुल्क गया था। उससे पहले भी एक पारिवारिक आयोजन में शिरकत करने उसका वहां जाना हुआ था। पुलिस के वर्दीधारी हेड मुंशी ने मकान पर दस्तक देकर पूछा कि उसका भाई वहां क्या करता है? यह बताए जाने पर कि भाई वहां गवर्नर साहब के दफ्तर में बाबू है, हेड मुंशी ने कहा कि शिकायत आई है कि जनाब उस दुश्मन मुल्क के लिए जासूसी करते हैं और इसी काम के वास्ते जनाब के वहां चक्कर लगते हैं। बाशिंदा पहले इस आरोप पर चौंका, फिर उसे सरासर झूठ बताया, फिर यह भी कहा कि उसका एक और सगा भाई,

जो राजस्थान में रहता है, वह भी उसके साथ गया था और उसके खिलाफ इस तरह की कोई शिकायत नहीं है। जवाब था, "जनाब के खिलाफ है तभी तो मुझे तहकीकात सौंपी गई है।" उसने उसका पासपोर्ट देखा। कहा कि उसे मय पासपोर्ट पूछताछ के लिए कोतवाली चलना होगा। वह कोतवाल साहब से पूछकर तारीख व वक्त बता देगा। उसने आठ-दस चक्कर यह बताते हुए लगाए कि उसे आज चलना था मगर कोतवाल साहब को बाहर जाना पड़ा, आज चलना था मगर कोतवाल साहब कप्तान साहब के बुलावे पर चले गए हैं, आज चलना था मगर...। उसके बाद वहां तीन सफेद पट्टियों वाला एक और हेड मुंशी आया और बोला कि जासूसी का मामला बहुत संगीन जुर्म वाला है जिसमें लंबी कैद और भारी जुर्माना की सजा है। बेहतर यह होगा कि वह भी दूसरे सूबे राजस्थान चला जाए और वहां चैन से अपना धंधा करे। घबराकर उसने राजस्थान वाले भाई के पास जाना तय कर लिया। जाने से पहले उसने मकान पड़ोसी मारवाड़ी के हाथ बेच दिया।

अखबार में इन दोनों कांडों में मित्तल भी सुर्खियों में रहे, इस बिना पर कि वह खलनायक अमर के पिता थे। मित्तल जी के बाजार में दिख जाने पर काव्य संगम वाले बरकतउल्ला की टिप्पणी थी, "आपके बरखुरदार आपकी इज्जत बेच रहे हैं। लगाम कसिए।"

छोटे भाई सुरेन्द्रनाथ ने फिर कहा था, "दादा, हिम्मत करिए। अखबार में सूचना निकलवा ही दीजिए कि वह अपने पुत्र अमरनाथ मित्तल के गलत आचरण से बहुत दुखी हैं और उसे अपना पुत्र बताते हुए उन्हें शर्म आती है। सूचना की तारीख से अमर से उनके सारे संबंध कानूनन समाप्त माने जाएं।"

"सुरेन्दर, लगता है इस सूचना को छपवाने का वक्त आ ही गया है। पानी सिर से ऊपर हो गया है।"

"वकील से तैयार करवाया हुआ दो सौ शब्दों का मसौदा दो अखबार में छपवाने पर हजार-डेढ़ हजार रुपयों का खर्चा आएगा।"

"खर्चे की चिंता नहीं है। हां, पहले अपने इस फैसले और फैसले के अंजाम की जानकारी बहू को दे दूं। चौथे-पांचवें दिन बहू आती रहती है।"

प्रिंसिपल शर्मा को सुचित्रा और बलराम यादव द्वारा चौराहे पर खींच ले जाकर जूते से पिटाई की चेतावनी के ठीक आठ दिन बाद अमर घर में तनतनाता हुआ घुसा, "आप मेरे बाप नहीं तो बताइए, मेरा बाप कौन है?

बताइए, मेरा बाप कौन है?"

"गला न फाड़। तमीज से बात कर। तू जो यह काले करनामे कर रहा है, उससे मुझे तुझे अपना बेटा बताते हुए शर्म आती है। बेटे ऐसे भी होते हैं जो अपने बाप का नाम रोशन करते हैं, लेकिन तू बाप के लिए घुप्प अंधेरा बन गया है," मित्तल के हाथ-पैरों में तनाव से कंपन होने लगा था।

"मुझे आपकी चिंता तब होती जब आपको मेरी होती। आपने मेरे लिए क्या किया? कहीं दौड़-धूप की? किसी नेता-मंत्री से मिले? बताइए? बताइए?"

"अमर, अपनी आवाज का वॉल्यूम नीचा रख। मैंने तुझे धंधे में लगाने की पूरी कोशिश की। पैसा लगाया और भरा। मगर तू तो रातोरात लखपति-करोड़पति बनना चाहता है। वह जिसे इजी मनी कहते हैं, उसका चस्का तुझे लग गया है। बिना जड़ का पौधा सींचा नहीं जा सकता," मित्तल के मुंह से थूक बाहर आ गया, "तू मेरे घर से निकल।"

"पापा, आपके घर से निकलने से पहले मेरा कौल जान लीजिए। अखबार में अगर वह वाहियात सूचना प्रकाशित हो गई कि अमर आपका बेटा नहीं है तो पहले मैं आपको शूट करूंगा, फिर अपने को।"

मित्तल जी ने तीन दिन तक बैठकी में शिरकत करने से अपने को बचाया था।

बाप-बेटे का इधर हाल में मसला बैठकी की चौथी कुरसी जब-तब सजाने वाले दीनदयाल के सामने भी आ गया था। हुआ यह था कि एक तीसरे पहर सत्रह-अठारह वर्ष का एक लड़का उनके सामने आकर खड़ा हो गया जब वह अपने बाहरी कमरे में, जिसे वह ड्राइंगरूम कहते थे, योगा की एक पुस्तक पढ़ रहे थे। लड़के ने अपना नाम बताकर कहा कि वह उनका पुत्र है। उसने इस दावे की पृष्ठभूमि का खुलासा किया कि वह हलवाई के यहां बतौर नौकर रह रहे अपने पिता के पास जाता था और कहता था कि वह मां के पास चलकर रहें। पिता कहते थे कि उसकी मां उसकी पत्नी नहीं है, न वह उसका पुत्र है। वह मां को पिता के उस कहे हुए को बताता था। मां कहती थी कि उस आदमी से उसका विवाह हुआ था और उस नाते वह उसका पति था, फिर वह नाता नहीं रहा। उसके बार-बार अपने पिता के सच

को बताने के लिए जोर देने पर वह यह कहकर सच को टाल जाती थी कि वही उसकी मां है और वही उसका पिता। दो-चार दफा मां ने यह भी कहा था कि समय आने पर वह उस सच को बतला देगी लेकिन अभी नहीं। दस दिन पहले मां ने बुखार व पलटी की लंबी बीमारी में उसका अंतिम वक्त आ गया है ऐसा मानकर उसको अपने बिस्तर पर सिरहाने बैठाकर फोटो दिया कि फोटो वाला आदमी उसका असली पिता है। मां ने उनका नाम और पता भी बता दिया। लड़के ने यह सब बताकर यह भी कहा कि उसका चेहरा-मोहरा भी फोटो वाली शक्ल की झलक देता है। जैसा उनके होंठ के नीचे तिल है वैसा तिल उसके होंठ के नीचे है।

"फिल्म देखते होंगे। किसी फिल्म से यह स्टोरी उठा ली होगी," दीनदयाल मुस्कान की चींट चेहरे पर खींचकर बोले।

लड़का पहले तो फिल्म की कराई गई घुसपैठ को समझा नहीं। फिर समझ गया। अपने दावे को और पुख्ता आधार देने के वास्ते उसने अपनी मां का नाम दुबारा बताकर कहा, "कलावती आपके घर सफाई करने, मैले कपड़े धोने, किचन में मां जी का हाथ बंटाने आती थी।"

"मेरे घर तो चंपा, चमेली, शरबती, सरसुती कई औरतों ने काम किया। क्या इन सबकी लेथन-पलेथन मेरी हो गई?"

"मेरी मां झूठ नहीं बोलेगी। मरते वक्त उसने आपका फोटो दिया। आपका मेरे पिता होने के सच को बताया।"

"और कुछ?"

"आप मेरे पिता हैं। आपका यह धर्म है कि आप मेरी परवरिश करें। मैं इस जिंदगी में कुछ बन सकूं, इसका जिम्मा आप लें।"

"मैं तेरी मंशा पहले ही समझ गया था। अब तूने अपने मुंह से खुद उगल दिया," एक छोटा सा विराम, "अब यहां से फूट। बड़ी होशियारी से बुने तेरे इस जाल में मैं फंसने से रहा।" उसे रुका देखकर गाली दी। तुरंत चले जाने में ही उसकी खैरियत बताई।

"मैं चुप नहीं बैठूंगा। लोगों को इस सच्चाई की बाबत बताऊंगा। ऊपर दरखास्तें लगाऊंगा। मेरे पिता हो, पिता होने से इनकार कर रहे हो।"

दीनदयाल की पत्नी गोलमटोल जिस्म की थी, मोटे अनाज से ठुंसे हुए किसी बोरे जैसी। नक्श भी सपाट थे। शुरू में आंखों में थोड़ी कशिश थी, वह

बिला गई थी। फिर भी चार बेटे थे। साथ रहने वाले जोड़ों की यह परिणति होती ही है।

दीनदयाल ने खाद्य पदार्थों के अपमिश्रण पर अंकुश लगाने के नाम पर साल भर में पांच-सात बार लिए जाने वाले नमूनों के दौरान उजागर नामक ग्वाले के डब्बू में से भी दूध का नमूना भरा था। दूध में चूंकि पानी मिला था, उजागर घबरा गया था और पैयां-पलोटन के साथ पांच सौ रुपए बतौर नजराना देने को कह दिया था। उजागर का घर दूर नहीं था। उसे पैसों का इंतजाम करना था। दीनदयाल अपनी मोटरसाइकिल पर बैठकर पीछे-पीछे उजागर के घर पहुंच गए थे। नमूना भरने का उस दिन का कोटा पूरा हो चुका था। उजागर की पत्नी कसे-रचे जिस्म की थी। बड़ी-बड़ी कजरारी आंखें थीं। चेहरा चिकना गोल था। उस पर नमक-चमक दोनों था। जब उजागर ने डेढ़ सौ रुपए इस घिघियाहट के साथ आगे बढ़ाए कि वह उस पर विश्वास करे, वह गौ की सौगंध खाता है, तीन-चार दिन में जैसे ही नजराने की बाकी रकम का जुगाड़ होता है, वह उनके ठिए पर पहुंचा देगा। उन्होंने वे पैसे उसे लौटा दिए। वे कठकलेजा नहीं हैं कि किसी की गरीबी की मजबूरी न समझें। उन्होंने लिया गया नमूना उसके सामने नष्ट कर दिया। कहा कि वह बेफिक्री से अपना धंधा पहले की तरह करता रहे।

उजागर का चेचक छलनी चेहरा था। सूअर की तरह बाहर निकले दांत थे। रंग जले तंबाकू जैसा था। कलावती उसे स्वीकार नहीं कर पाती थी।

दीनदयाल के चक्कर लगने लगे थे। उधर से गुजर रहा था, सोचा रुककर हालचाल ले लूं। ...यहां के चापाकल का पानी ठंडा मीठा है। पी लेता हूं तो तीन-चार घंटे के लिए प्यास से छुट्टी। ...चाय उस दिन पी थी तो चाय की तलब उठ आई।

दीनदयाल कलावती की ओर खिंच रहे थे, कलावती दीनदयाल की ओर।

"कलावती, तुम दूसरों के जानवरों का गोबर पाथकर उपलों से कमाई करती हो। उस कमाई से ज्यादा मेरे यहां घर-गृहस्थी का काम कर पाओगी। काम भी गोबर-उपले वाले काम से कहीं निथरा है।"

पति की मरजी के खिलाफ उसने आठ दिन बाद उस पेशकश को स्वीकार कर लिया था। वह सुबह दस बजे के आसपास जाती और शाम को लौटती। फिर यह लौटना देर रात का हो गया। उसे दीनदयाल की फोटो मेज

की दराज में नजर आ गई। वह उसे ले आई।

पत्नी की ज्ञानेंद्रियां चाहे कितनी भी गुट्ठल क्यों न हों, पति की विचलन को, खास तौर से परस्त्री को लेकर, सूंघ ही लेती हैं। वह कलावती के काम में दोष निकालने लगी, जली-भुनी सुनाने लगी, उससे लड़ने लगी, उसको अलग करने के लिए पति पर उलटा-सीधा दबाव बनाने लगी। अलग कर भी दिया।

उनके और कलावती के संबंधों को लेकर लोगों को जानकारी थी, किंतु ऐसे लोगों की संख्या बहुत कम थी और वे थे भी दोनों पक्षों के करीबी। उस लड़के के हल्ला-गुल्ला मचाने पर संख्या का मुंह सुरसा की भांति फैलेगा। इस उम्र में उस संबंध की बदनामी ज्यादा बोझिल हो जाएगी। उन्होंने एक सुपरिचित निवर्तमान दरोगा की मार्फत एक वर्तमान दरोगा से संपर्क साधा, मुट्ठी भी गर्म की। थाने पर दो-चार बुलावे ने लड़के को उसे अपनी लुंजपुंज हैसियत का अहसास करा दिया।

कुछ ही दिनों बाद रायजादा साहब को उनकी ओर जाने का इत्तफाक हुआ। वह उनसे मिलने पहुंच गए। उस हालिया वाकये की रायजादा को जानकारी थी, "उस लड़के का नाक-नक्श फूड इंस्पेक्टर दीनदयाल से मिलता तो था।"

"जिस किसी का नाक-नक्श इंस्पेक्टर दीनदयाल से मिलता हो, क्या वे सभी दीनदयाल की औलाद हैं?"

"सब नहीं तो कई और तो होंगी ही।" जिस तरह की फुलझड़ी हंसी के साथ उन्होंने सवाल किया था, रायजादा ने उसी तरह की फुलझड़ी हंसी के साथ जवाब टपकाया। एक मिनट ठहरकर कहा, "मेरे नाना बताते थे कि जनाब के पिता जी भी काफी रसिया थे। उनकी दो और बीवियां थीं जिनको उन्होंने अलग घर दिलवाकर रखा था।"

"पहले राजा, महाराजा, नवाब सौ-सौ औरतें अपने रनिवास या हरम में रखते थे। औरतों के साथ सोने के लिए सीने में बड़ा जिगरा चाहिए और जांघों में बड़ी ताकत। मेरे पिता के पास ये दोनों थे। इस बंदे की भी जांघें दमदार रही हैं।"

एक छोटे वक्फे के बाद रायजादा ने उनको उस कवित्त का स्मरण कराया जो वे बैठकी में अकसर सुनाते थे कि पहला सुख निरोगी काया, दूजा सुख जाके घर माया, तीजा सुख जाकी पतिव्रता नारी...। इस तीसरे टुकड़े

पर रुककर उन्होंने पूछा, "क्या आपको यकीन है कि आपकी पत्नी पतिव्रता नारी है?"

"पतिव्रता नारी न होती तो क्या वह पचास वर्ष से जो घर में है, घर में रह पाती?" इस उत्तर के बाद उन्होंने रायजादा को उस चौथे सुख की भी जानकारी दी जो उनको प्राप्त था, "चौथा सुख बेटा अधिकारी। भाई साहब, मेरा बड़ा बेटा परमेश्वर दयाल जो अभी तक सेक्रेटेरियट में सुपरिंटेंडेंट था अब असिस्टेंट सेक्रेटरी हो गया है।"

उन्नीस

उस मैदान के नीम के पेड़ के नीचे बैठकी होती थी। होती थी लेकिन बेदम, बेनूर। चारों कुरसियां मुश्किल से भरती थीं। कभी तीन भी नहीं।

केवल शर्मा और मित्तल जब साथ-साथ बैठते थे, शर्मा पेड़ के नीचे चींटियों के उत्पात की शिकायत करते थे जो उनके पैरों पर चढ़कर काटती थीं। मित्तल को मक्खियों से शिकायत होती थी जो उनकी गरदन या चेहरे को बजिद अड्डा बना लेती थीं। चींटियों और मक्खियों से बढ़ती परेशानियों में स्वास्थ्य संबंधी वे टिप्स जो उन्होंने इधर समाचार-पत्रों या दूसरे माध्यमों से प्राप्त किए थे, जैसे—दूध खाओ, रोटी पियो या पानी खड़े-खड़े नहीं हमेशा बैठकर इत्मीनान से पीना चाहिए, या मोटापा कम करने के लिए व्यक्ति को भोजन से आधा घंटा पूर्व एक गिलास पानी का सेवन करना वांछनीय है, प्राय: अचर्चित या अव्याख्यायित रह जाते थे।

कभी शर्मा ही अकेले होते थे, कभी मित्तल। वे दस-पंद्रह मिनट बाद कुरसी छोड़ देते थे।

कभी कुरसियां एकदम खाली और छूछी रहती थीं।

कभी कुरसियां नहीं भी पड़ती थीं।

यह स्थिति इस सच का बयान करती थी कि आज के समय का अनसुना किया जाना कल के समय का सुना जाने वाला संदेश बन जाता है।

बीस

उस यानी अपने शहर में सूर्य नारायण चौहान फिर आए थे। अगर चंद माह के समय को दरकिनार कर दिया जाए, उनका दुबारा यह आना पहले की भांति दस वर्ष बाद ही हुआ था। उन्होंने चेन्नई की बड़ी कंपनी का जॉब छोड़ दिया था और अपनी खुद की कंपनी खड़ी करने का इरादा बनाया था। इस इरादे को अमली जामा पहनाने में पचासों दिक्कतें व अड़चनें थीं जिनको दूर करने में समय लगना ही लगना था। फिर अपनी कंपनी में शुरू हुए और आगे शुरू होने वाले इलेक्ट्रॉनिक प्रोडक्ट्स के प्रचार-प्रसार के साथ आदेश भी प्राप्त करना था। देश के बाजार के साथ विदेश के बाजार में भी पैर जमाना था। काफी कुछ पूरा हो गया था। सुकून में थे। दो-चार बार अपने प्रदेश के सीमावर्ती प्रदेशों में आने पर इच्छा जगी थी कि अपने पैतृक नगर में हो आया जाए। मगर तब सुकून की कमी के कारण उस इच्छा को सुला दिया था। ततेरे भाई की पोती के विवाह का आग्रह भरा बुलावा मिला तो फिर आ ही गए। विवाह से फुरसत पाकर अपने वाले मोहल्ले का चक्कर लगाने के बाद प्रिंसिपल शर्मा से भेंट-मुलाकात करने के विचार से, जिनके स्कूल में वह दसवें दर्जे तक पढ़े थे, उनकी गली में बढ़ आए थे।

वह भी गुलाबी सर्दियों का तीसरा पहर था। मौसम और वक्त की पुनरावृत्ति कभी-कभी निरा संयोग भी होती है। शर्मा जी आराम कर रहे थे। खबर पाते ही पलंग पर उठकर बैठ गए और अंदर बुला लिया। उन्होंने पाया कि समय ने शर्मा के हृष्ट-पुष्ट शरीर को काफी रौंदा है। इस रौंदने में शामिल था शर्मा जी के उस दाएं हाथ का न होना जिससे वह पंजा लड़ाते थे और दस वर्ष पूर्व के अपने आगमन पर जिसका प्रतिपक्षी बन उन्होंने जोर-आजमाइश की थी और जिच खा गए थे। पूछने पर शर्मा जी ने कमजोर टूटी आवाज में बताया कि गैंग्री हो गया था। हाथ कटवाना पड़ा। यह बताते हुए उनके बाएं हाथ की उंगलियां माथे पर गई थीं, "सब भाग्य की लीला है।"

वह बाहर आए तो स्वतंत्रता सेनानी मित्तल जी को अपने दरवाजे पर

छोटे भाई का सहारा लिए खड़े पाया। उनका मुंह टेढ़ा था। लकवे की मार हुई थी। मित्तल ने बगैर उनको पहचाने हुए अपना थरथराता हाथ शिष्टाचार बस उठा दिया था।

सूर्य नारायण जब मैदान पर चढ़े थे उनको लगा था कि मैदान कुछ बदला-बदला सा है। बाहर आए तो नजर दौड़ाने पर पाया कि नहीं यह बदलाव सामान्य से काफी भिन्न है। झाड़-झंखाड़ का लगभग सफाया है। जमीन काफी समतल है। शर्मा जी के बाहरी हिस्से में जो टीन का सायबान होता था वह वहां नहीं था। मित्तल जी के घर के बाहर फुलवारी की पट्टी भी नहीं थी, न उस पट्टी की सुरक्षा के लिए तार वाली जाली का बेड़ा। किसी आंधी ने शर्मा जी का सायबान अलग कर दिया होगा और किसी आंधी ने मित्तल जी की बाहर कब्जाई पट्टी का बेड़ा। सायबान और बेड़े की अपने स्थानों पर वापसी नहीं हुई थी। उनको ठिकाने लगा दिया गया होगा।

परम बातूनी रामबहोरन को खबर लग गई थी कि सूरज बाबू आए हुए हैं। वह खोजता हुआ उन तक पहुंच गया था।

"बहोरन भाई, मैदान की शक्ल तो बहुत बदल गई है।"

"पिछले से पिछले साल एक बाबा ने धूनी जलाकर डेरा जमाने की कोशिश की थी। लड़कों ने बाबा जी का चिमटा, त्रिशूल सब उखाड़कर फेंक दिया था। यहां अब मोहल्ले व आसपास के लड़के खेलते हैं।"

रामबहोरन ने उनका ध्यान नीम के पेड़ की दो शाखाओं से टंगे बोर्ड की ओर खींचा जिस पर लिखा था, 'यंग इंडिया स्पोर्ट क्लब'।

रामबहोरन उनको गली के बाहर खुले एक नए रेस्टोरेंट में चाय पिलाने के लिए ठेल ले गया। उसने उनको ढेर सारी जानने न जानने लायक जानकारियां दीं। वह यह एक अहम जानकारी देना भूल गया कि जगदंबा प्रसाद गर्ग का कन्या स्कूल मान्यता प्राप्त हाईस्कूल हो गया है, जब अध्यापिकाओं को पूरा मान्य वेतन मिलता है और गर्ग साहब ने मरते समय स्कूल के नाम बीस लाख की संपत्ति छोड़ी है। वह यह भी जानकारी देना भूल गया कि बंद दाल मिल में लगने वाली काव्य संगम की एक गोष्ठी में जब बीमार बरकतउल्ला को चुनिंदा शायरों का कलाम सुनाने के लिए कहा गया, कुरसी पर उनकी गरदन टिकी पाई गई जिसमें से बहुत धीमी आवाज में किसी साहबे हैसियत शायर की गजल का कोई मिसरा बाहर आने के लिए जद्दोजहद कर रहा था।

अस्वस्थ लोग

[सन् 1981 में लिखी इस कहानी को परिशिष्ट में देकर उपन्यास का भाग इसलिए बनाया जा रहा है कि यह उपन्यास के मूल स्वर और संदेश को संपुष्ट करती है।]

सुबह अभी हुई नहीं थी, लेकिन सुबह बहुत दूर भी नहीं थी। अंधेरा झीना पड़ने लगा था। चीजों को मूर्तता देने वाली गुम रेखाएं चीजों से जुड़ने लगी थीं। चिड़ियों की चहचहाहट ने खामोशी की उनींदी गोद में ठुनकना शुरू कर दिया था। हवा यह अहसास जताने लगी थी कि इस समय उसका एक अलग पुलक भरा रूप होता है। वातावरण सचेतन हो गया था।

वे दोनों अधेड़ लपकते हुए आकर पुल पर रुक गए और उन्होंने लंबी-लंबी सांसें खींचीं, ललक भरी। हवा एकदम ताजा थी, जीवन-पोषक तत्त्वों से भरपूर। ऐसी ही हवा फेफड़ों को मजबूत करती है।

पुल के पास बस्ती लगभग खत्म हो जाती थी और खेत, मैदान व खुला इलाका शुरू हो जाता था, वृक्ष और वनस्पति से भरा हुआ। प्रकृति यहां अपने अनिंद्य रूप का साक्षात्कार कराती थी, जीवन के प्रति लालसा जगाती हुई।

वे दोनों और ज्यादा ताजा और संजीवन हवा पाने के लिए आगे बढ़ गए।

उनमें से जो कुछ लंबा था और खादी का भूरे रंग का कुर्ता पहने था, उसका नाम बराती लाल था। उसकी बर्तनों की बहुत बड़ी दुकान थी। छड़ी हाथ में लिए हुए दूसरे अधेड़ गनेशी लाल का कपड़े का थोक काम होता था। दोनों के मकान पास-पास थे। वे दोनों करीब एक किलोमीटर दूर पीछे बस्ती से आते थे। बराती लाल को पहले गैस की शिकायत रहती थी, लेकिन जब से उन्होंने टहलने के नियम को अंगीकार कर लिया था, वह शिकायत जाती रही थी। वह दुकान पर चाहे जितनी देर जमकर बैठे रहें, अब उन्हें थकावट महसूस नहीं होती थी। गनेशी लाल को रक्तचाप हो गया था और उनको भी सुबह के इस वायु सेवन से विस्मयकारी लाभ हुआ था।

झीने अंधेरे के बीच से एक व्यक्ति और प्रकट हुआ था और वह पुल पर आते-आते दौड़ लगाने लगा। वह नेकर और किरमिच के जूते पहने था। वह आधा किलोमीटर दूर नहर की पुलिया तक यों ही भागता हुआ जाएगा। नहर तक पहुंचते-पहुंचते वह घोड़े की तरह हांफने लगता था, किंतु इससे उसे सुख मिलता था, कुछ सार्थक और महत्त्वपूर्ण करने जैसा।

दो मिनट बाद पुल पर दो व्यक्ति और प्रकट हुए थे। इन दोनों के पास झोले थे जिनमें लोटे और गमछे पड़े थे। इनके बवासीरां मस्से थे। घर के हकीम लोगों ने इनको सलाह दी थी कि सुबह खुले मैदान में नियमित रूप से शौच जाने पर ये मस्से दब जाते हैं। खेतों में शौच करने के बाद ये दोनों व्यक्ति रास्ते में लगे नीम के दरख्त से टहनी तोड़ लेते थे और दातौन करते हुए लौटते थे। पहले इनके मसूढ़ों से भी रक्त आता था, लेकिन दातौन करने से अब आना बंद हो गया था।

पुल पर इस बार एक साथ पांच व्यक्ति प्रकट हुए थे। चार कदम पीछे एक व्यक्ति और भी था, जिसके कंधे पर गुलेदार लाठी रखी हुई थी। जो व्यक्ति पांच की टोली में बीच में था और जिसका चेहरा बंदर की तरह चपटा था व कद वैसा ही गट्ठा, वह एक बड़ा सर्राफ था। उसकी सिर्फ गिरवी के ब्याज से ही आमदनी दस हजार रुपए माहवार थी। पीछे लाठी वाला उसका अंगरक्षक था, सुबह मुंहअंधेरे जनविहीन क्षेत्र में कोई अवांछित वारदात न घट जाए, इस संभावना को बचाने के लिए। सर्राफ टहलकर लौटने के बाद चांदी की कटोरी में रात की भीगी हुई किशमिश के इक्कीस दाने चांदी की तीली के सहारे एक-एक कर चुगता था। यों किशमिश चुगने से जिस्म में चर्बी का आधिक्य होने पर भी उसे कभी दिल का दौरा नहीं पड़ सकता था।

जो व्यक्ति बाएं चल रहा था और जिसके सिर पर मशीन से कटे हुए छोटे-छोटे बाल थे, किसी ब्रुश जैसे, वह भी एक पोढ़ा सर्राफ था। वह लौटकर घिसी हुई बादाम चाटता था और ऊपर से पाव भर दूध पीता था। उसके घर पर अपनी पाली हुई गाय थी, श्यामा। दोपहर में वह संतरा, मौसमी या अनार का रस भी पीता था। उसका चेहरा दमकता हुआ था।

जो व्यक्ति दाएं चल रहा था, वह सुनार था और केवल सोने के जेवरात बनाता था। वह भीगे हुए अंकुआए चने खाता था और अकसर इन चने के गुणों का बखान करता हुआ कहता था, इससे वीर्य पुष्ट होता है। वीर्य की बात वह इसलिए भी करता था कि उसने पचास साल की उम्र में दूसरी शादी

की थी, इस दूसरी शादी से भी उसके चार बच्चे थे।

साथ के अन्य दो व्यक्तियों में से एक अंडे की जर्दी में तथा दूसरा उर्द की दाल के गोंद पड़े लड्डू में भी वीर्य पुष्ट करने के अद्भुत गुण की बात करता था। उनमें से एक वकील था व दूसरा ठेकेदार। वकील का एक साथी दस साल पहले उच्च न्यायालय में जाकर वकालत करने लगा था और फिर वह वहां जज हो गया था। वकील उसके बिस्तर पर ही बैठता था और उसकी भी इच्छा जज बनने की थी। जज बना साथी चूंकि टहलने जाया करता था, उसने भी टहलना शुरू कर दिया था। ठेकेदार को काशी के एक ज्योतिषी ने बताया था कि उसे विदेशों में ठेके मिला करेंगे। ज्योतिषी ने यह भी बताया था कि उसकी हस्त-रेखा में दूसरे विवाह का भी योग है। उसकी वर्तमान पत्नी पागल थी।

पुल पर तीन-चार व्यक्ति और प्रकट हुए थे। इनमें एक योगी जी भी थे। सत्तर वर्ष की आयु में भी उनका न तो एक दांत हिला था, न श्रवण शक्ति या घ्राण शक्ति ही क्षीण हुई थी। वह आंख पर बिना चश्मा लगाए अब भी सूई में तागा डाल सकते थे। उनका दावा था कि वह सौ वर्ष तक ऐसा ही निरोग जीवन जिएंगे। वह स्नान कर टहलने निकलते थे। उनका कहना था कि शरीर का हर रंध्र वायु खींचता है और स्नान करने से शरीर के रंध्र खुल जाते हैं। योगासनों पर उनकी अटूट आस्था थी। साथ के व्यक्ति उनके प्रशंसकों में से थे। वे भी दीर्घ स्वस्थ जीवनाकांक्षी थे।

पुल पर एक व्यक्ति और प्रकट हुआ था और यह दोनों हाथ जोर-जोर से हिलाता हुआ कवायद करने वाले ढंग से आगे बढ़ गया। यह व्यक्ति विज्ञान का स्नातक था और कभी क्रांतिकारियों की जीवनियां अति चाव से पढ़ा करता था। तब वह प्राय: यह भी सोचा करता था कि वह भ्रष्टाचार और तानाशाही के लिए बदनाम किसी मंत्री पर किसी सार्वजनिक सभा में बम फेंकेगा और इससे पहले कि पुलिस उसे पकड़े, वह दूसरे बम से अपने को भी उड़ा देगा। इतिहास में अंकित होकर तब वह अमर हो जाएगा। फिर उसे नाना की मृत्यु के बाद अचानक ननिहाल से काफी पैसा मिल गया था। उसने साबुन की फैक्टरी खोल ली थी और भाग्य से यह खूब चल निकली थी। उसके सोहने-सलोने दो बेटे भी थे। अब वह इस धारणा का था कि यह मानव जीवन अमूल्य निधि है और इसे संभालकर रखना चाहिए।

अंधेरा और झीना हो गया था। चीजें जैसे पानी की सतह के नीचे से

निकल-निकलकर बाहर आ रही थीं। चिड़ियों का कलरव बढ़ गया था। हवा वृक्ष और वनस्पतियों में हरीतिमा की लहरियां उठा रही थी। सुबह जीवंत हो गई थी।

पुल के नीचे दाईं ओर एक छोटा सा पार्क था, जहां फूलों की क्यारियों के बीच घास के छोटे-बड़े गलीचे बिछे थे। किनारों पर सीमेंट की बेंचें बनी थीं। बीच में एक ऊंचा बड़ा गोल पक्का चबूतरा था, जिस पर गांधी जी की मूर्ति स्थापित की जानी थी, किंतु फिर की नहीं गई थी।

जो लोग पीछे बस्ती के दूर-दराज हिस्सों से आते थे या जिन लोगों के पास और आगे जाने के लिए समय नहीं था, वे यहां पार्क में ही रुककर सुबह की अमृत बेला से अधिक से अधिक स्वास्थ्य लाभ करते थे।

पार्क में दस-पंद्रह लोग जमा हो गए थे और दो-दो, एक-एक कर और जुट रहे थे।

नायलान की कसी शर्ट पहने एक युवक ने पैर की चप्पलें उतार दी थीं और पतलून की मोहरी लौटकर नंगे पांव भीगी घास पर पार्क के किनारे-किनारे दौड़ने लगा था। वह गिनकर दस चक्कर लगाएगा। वह जिला आपूर्ति कार्यालय का बाबू था। दो माह पहले उसके कार्यालय के एक साथी बाबू की अचानक मौत हो गई थी और तब से वह स्वास्थ्य के लिए बेहद सजग हो गया था।

एक व्यक्ति सीमेंट की बेंच पर दोनों टांगें फैलाए अपनी गर्दन आहिस्ता-आहिस्ता झुकाता हुआ नाक से घुटने छूने की कोशिश कर रहा था। इस क्रिया से मनुष्य की पाचन प्रणाली सही रहती है। पाचन प्रणाली सही न रहने से ही सारी बीमारियां जन्म लेती हैं।

एक व्यक्ति गोल चबूतरे पर खड़ा था। वह एक बार अपने दोनों हाथ कंधों के समानांतर लाता था, दूसरी बार उनको सिर के ऊपर ले जाता था, तीसरी बार फिर कंधों के समानांतर लाता था और चौथी बार जांघों के बराबर गिरा लेता था और इस क्रिया को फिर वैसे ही नए सिरे से शुरू करता था, किसी मशीन की तरह।

एक व्यक्ति दोनों कलाइयों पर अपने सारे जिस्म का भार रोके हुए लंबा-लंबा जमीन से एक फुट ऊंचा उठा हुआ था, मयूर के रूप में।

एक व्यक्ति घास पर शीर्षासन लगाए हुए था।

चार-पांच व्यक्ति नदी की ओर मुंह किए गहरी तेज सांसें अपने-अपने

ढंग से खींच रहे थे–कोई एक नथुने से, कोई दोनों नथुनों से, कोई बैल की तरह आवाज करता हुआ।

आकाश में चमक भरने लगी थी। सूरज उगकर जैसे सुबह के नरम और ताजेपन को सोख लेता हो। पुल पर से टहलने वाले लौटने लगे थे। पार्क से भी लोग सिमटने लगे थे।

दो-चार लोग जिनके पास झोला या दूसरा कपड़ा था, बाजार की ओर मुड़ गए थे। ताजा सब्जी के झाबे आए होंगे और उनमें से वे चुन लेंगे। अच्छी सेहत के लिए हरी सब्जी की अपनी अहमियत है। हरी सब्जी में विटामिन ही विटामिन होते हैं।

रात पानी गिरा था। आसमान पर मटमैले बादल अब भी घिरे थे। बूंदा-बांदी फिर हो सकती थी, नहीं भी।

जो लोग एक तंदुरुस्ती हजार नियामत वाली बात के कायल थे या तरह-तरह के उसूल जिनके जीवन के अंग बन चुके थे, वे इस अनिश्चित मौसम में भी टहलने निकले थे और पुल पर प्रकट होने लगे थे।

बर्तनों का काम करने वाले बराती लाल ने आज छाता ले रखा था। बजाज गनेशी लाल ने भी छड़ी के स्थान पर छाता पकड़ रखा था। कवायद करने के ढंग से चलने वाला विज्ञान का स्नातक प्लास्टिक की बरसाती कंधे पर डालकर निकला था। किंतु योगी जी बिना छाता या बरसाती के ही निकले थे। वह अपने साथ चलने वालों को बता रहे थे कि पानी गिरेगा तो वे भीग लेंगे। बारिश मनुष्य के लिए हानिकारक नहीं होती है बल्कि कोई भी मौसम नहीं। बस मनुष्य को स्वस्थ और निरोग होना चाहिए। विरोधी तत्त्व शरीर की शक्ति के आगे हार स्वीकार कर लेते हैं। साधु-संत सर्दियों में भी खुले में रहते और सोते हैं। उनको किसी अतिरिक्त वस्त्र या साधन की आवश्यकता नहीं रहती है। पशु-पक्षियों के लिए हर मौसम एक समान।

पुल के नीचे पार्क में भी कुछ उत्साही लोग जमा हुए थे। नायलान की कसी शर्ट वाले ने नागा नहीं किया था और आज भी उसने नंगे पांव भीगी घास पर पार्क के दस चक्कर लगाए थे।

चबूतरे पर चढ़कर दोनों कंधों के समानांतर हाथ उठा-गिराकर व्यायाम करने वाला भी आया था और उसने उस क्रिया को किया था।

नदी की ओर मुंह कर सांस लेने वाले व्यक्तियों ने वैसी ही गहरी-तेज

सांसें ली थीं। एक अध्यापक कवि को नदी के ऊपर झुके बादलों में भी मोहक सौंदर्य दीख गया था और उसके मन में ये पंक्तियां अंकुरित हो उठीं–"हे प्रकृति सुंदरी, तू सदा सुहागिन।"

अंधेरा झीना था और पुल पर लोग सुबह की ताजा और स्वास्थ्यदायिनी हवा खाने के लिए प्रकट होने लगे थे।

बराती लाल और गनेशी लाल गुजरे थे।

खुले मैदान में शौच जाने और नीम की दातौन करने वाले व्यक्ति गुजरे थे।

खाली गिरवी के ब्याज से दस हजार रुपए माहवार की आमदनी करने वाला बड़ा सर्राफ मय अपने लठैत अंगरक्षक के गुजरा था। उसने अपनी टोली के लोगों को एक नीति कथा सुनाई थी जो उसने पिछले सप्ताह एक धार्मिक पत्रिका में पढ़ी थी कि एक महात्मा एक सेठ के यहां गया और एक सोने की सूई उसे देता हुआ बोला, "सेठ, मेरी यह धरोहर उस लोक में पहुंचा देना, वहां मैं ले लूंगा।" सेठ इस पर बोला, "महात्मा जी, भला यह कैसे संभव है? मनुष्य अपनी मृत्यु पर अपने साथ कोई भी वस्तु नहीं ले जाता है।" इस पर महात्मा ने पूछा, "तब तुम फिर इस संसार में इतना धन किसलिए संग्रहित कर रहे हो।" सेठ के चुप रहने पर महात्मा ने उसे शिक्षा दी कि मनुष्य के साथ उस लोक में केवल पुण्य ही जाता है और धन की सार्थकता अच्छे कार्य में खर्च होने में ही है जबकि तन की सार्थकता निर्बलों और जरूरतमंदों की सेवा करने में। उस बड़े सर्राफ ने फिर टोली के लोगों को यह भी खबर दी कि कल शाम उसकी दुकान के आगे एक बच्चा मोटरसाइकिल से चोटिल हो गया था, उसने डॉक्टर के यहां ले जाकर उसकी मरहम-पट्टी करवा दी और फिर उसे रिक्शे पर बैठाकर उसके घर पहुंचा आया। बच्चा किसी गरीब पल्लेदार का था। उस सर्राफ ने फिर यह एक और भी खबर दी कि वह देवी का एक मंदिर बनवाएगा।

कवायद करने के ढंग से चलने वाला विज्ञान का स्नातक गुजरा था।

योगी जी अपने अनुयायियों के साथ गुजरे थे। जब एक मोटी गर्दन व चौड़ी छाती वाले अनुयायी ने कहा कि कल उसने दो उंगली मोटी लोहे की पटिया हाथों से मोड़ दी थी, तो योगी जी बताने लगे कि यह एक साधारण सी बात है। नियम और संयम से रहने वाला पुरुष चलती हुई मोटरगाड़ी तक

को रोक सकता है। शक्ति ही जीवन है। वही सृष्टि का कारण भी है।

नीचे पार्क में भी लोग हस्बमामूल इकट्ठा होने लगे थे और स्वस्थ रहने के लिए अपने लिए मौजूं और सहज क्रियाएं करने लगे थे–शीर्षासन करने वाले ने शीर्षासन किया, मयूर आसन वाले ने मयूर आसन लगाया, हाथ उठा-गिराकर व्यायाम करने वाले ने हाथ उठाए और गिराए और नंगे पांव भीगी घास पर दौड़ लगाने वाले ने दौड़ लगाई।

आज वहां एक और युवक ने भी दौड़ लगाई थी। वह युवक भी एक क्लर्क था, गन्ना अनुसंधान संस्था में। वह पिछले करीब एक माह से टहलने आ रहा था। संस्थान में नया डायरेक्टर तैनात हुआ था। उसने तैनाती के बाद ही दो कर्मचारियों को निलंबित कर दिया था, यह संदेह होने पर कि वे उसके द्वारा की गई खाद की खरीदारी में सुरागरसी कर रहे हैं। वह बदजबान भी था। शायद किसी दारोगा की पेशाब से पैदा था। संस्थान में उसने आतंक फैला रखा था। इस युवक क्लर्क को पिछले दिनों से लग रहा था कि वह बीमार है। उसकी भूख कम हो गई थी। उसे कुछ अच्छा नहीं लगता था। दफ्तर से लौटकर वह अकसर थर्मामीटर लगाकर देखता था, बुखार तो नहीं है। पर टेंपरेचर सामान्य निकलता था। डॉक्टर ने भी जांचकर कहा, "नहीं, वह बीमार नहीं है बल्कि उसने उसके शरीर को आदर्श बताया था। उसकी लंबाई 174 सेंटीमीटर थी, सीना 90 सेंटीमीटर और वजन 70 किलोग्राम। बहुत से लोग तो मानते थे कि उसे सेना या पुलिस में होना चाहिए था। वैसी देह कलम के लिए नहीं, हथियार के लिए है। कुछ समझ में न आने पर उसने फिर टहलना शुरू कर दिया था कि अंदर अगर कहीं कोई दबी-छिपी बीमारी है तो वह खत्म हो जाए। वह पार्क आकर ऑक्सीजन से भरपूर हवा फेफड़ों में तेज-तेज खींचता था, यों जैसे कोई प्यासा घोड़ा नदी में मुंह डालकर पानी सुड़कता है, और यह भी महसूस करता था कि उसे कुछ लाभ हुआ है। कल एक दादा किस्म का चपरासी नशा कर दफ्तर आया था, उसकी सीट के सामने बैठ गया था और मूंछ पर हाथ फेर-फेरकर कहने लगा था कि आज वह डायरेक्टर साब की हगनी और मुतनी एक कर देगा। वह मर्द बच्चा है। डायरेक्टर साब उस पर आंख टेढ़ी कर देखें तो। कुछ देर बाद जब डायरेक्टर ने चपरासी को अंदर बुलाया और उसकी ओर गर्दन उठाकर देखा तो चपरासी हकलाता हुआ गिड़गिड़ाने लगा था, "हुजू...हुजूर, माफ करें। मुझे एक...एक ने जबरद...जबरदस्ती पिला दी थी। औ...औलाद कसम। आगे से हुज...हुजूर

दफ्तर पी...पी...पीकर कभी न आऊंगा। हुज....हुजूर, इस बार माफ करें।" डायरेक्टर ने चपरासी को डॉक्टरी मुआइने के लिए भेज दिया था। उसी वक्त से उसकी परेशानी बढ़ गई थी। चपरासी उसकी सीट पर बैठा था। रात वह ठीक से सो नहीं सका था। उसे मितली आती रही थी। आज जब वह टहलने पार्क में आया तो फेफड़ों में ऑक्सीजन खींच चुकने के बाद वह नायलान की कसी शर्ट वाले युवक की तरह घास पर दौड़ने भी लगा था। शायद यह दौड़ना उसके लिए ज्यादा मुफीद हो।

परसों कंधे पर कुल्हाड़ी रखे पुल पर से गुजरता एक लकड़हारा पार्क की ओर देखकर हंसा था, "ससुरे चोचला कर रहे हैं। एक मन लकड़ी फाड़ें तो पता चले असली मशक्कत का पसीना कैसा होता है!"

आज भी वैसे ही सुबह हो रही थी। आज भी झीना अंधेरा अभी पसरा ही हुआ था कि स्वास्थ्य के प्रति चिंतित और चौकन्ने लोग पुल पर प्रकट होने लगे थे। बराती लाल और गनेशी लाल गुजरे थे, खुले मैदान में शौच जाने और नीम की दातौन करने वाले व्यक्ति गुजरे थे, घोड़े की तरह हांफकर सुख पाने वाला व्यक्ति गुजरा था।

पुल के नीचे पार्क में भी लोग जमा होने लगे थे और स्वास्थ्य तथा दीर्घ जीवन के लिए लाभकारी क्रियाएं करने लगे थे–नायलान की कसी शर्ट वाला घास पर दौड़ने लगा था, शीर्षासन वाला शीश रूमाल पर टिकाकर पांव ऊपर उठाने लगा था।

एकाएक सड़क पर एक करुण गुहार गूंजने लगी, पहले धीरे-धीरे, फिर तेज-तेज, सुबह की नरम मोहक जिल्द पर खरोंच-सी खींचती हुई।

पुल पर टहलने के लिए निकले लोगों की गर्दन गुहार की ओर मुड़ गई थी। पार्क में जमा लोगों की भी पंद्रह-बीस जोड़ी आंखें उस ओर उठ गई थीं।

सड़क पर दो सिपाही एक नौजवान को बांधे लिए जा रहे थे और पीछे-पीछे उसकी उम्रदराज मां बिलखती हुई चिल्ला रही थी, "हाय, मेरे बेटे ने कोई जुर्म नहीं किया। वह बेगुनाह है। हाय, मेरा बेटा गऊ जैसा सीधा है। उसने कोई जुर्म नहीं किया।"

इतने सारे लोगों को पास में देखकर औरत और भी ज्यादा बिलखने लगी थी, "हाय, पुलिस मेरे बेटे को जेल में डाल देगी। हाय, मैं मर जाऊंगी। आप बाबू लोग मेरे बेटे को छुड़ा दीजिए।"

इतने सारे लोगों को देखकर रस्सी से बंधा वह नौजवान भी आशा से जुड़कर कहने लगा था, "मैं खेत से टट्टी कर निकला था, इन सिपाहियों ने मुझे पकड़ लिया। पहले पूछा, तुम्हारे पास क्या है। मेरे न करने पर कहा, तुम्हें थाने चलना है। बाबू लोगो, ईश्वर सौंह, मैं मेहनत-मजदूरी करता हूं। मैं चोर-डकैत नहीं हूं। मैंने कोई जुर्म नहीं किया। मुझे छुड़ा दीजिए।"

इतने सारे लोगों को अपनी ओर ताकता पाकर वे सिपाही कुछ घबरा गए थे। अपराध-निरोधक सप्ताह चल रहा था। उनको कारगुजारी में कुछ गिरफ्तारियां करनी थीं। थाने पर जाकर यह तय होना था कि इस पकड़े हुए शख्स के पास नकब लगाने वाला आला दिखाकर इसे दफा 109 जाब्ता फौजदारी में रखा जाए या इसके पास नाजायज तमंचा व कारतूस दिखाकर इसे असलाह कानून की दफा 25 में फांसा जाए। मामला सरासर झूठा था और झूठ को अभी कोई आधार भी नहीं दिया गया था, इसलिए सिपाहियों का आत्मबल डगमगाया हुआ था।

एक सिपाही को खांसी का ठसका उठ आया।

दूसरे सिपाही ने, जिसकी खिजाब लगी मूंछों की सफेद जड़ें साफ चमक रही थीं, आवाज को साधते हुए औरत को चेतावनी दी, "बताए देता हूं। सरकारी काम में मदाख्लत करना जुर्म है। तुम खुद भी मुसीबत में पड़ जाओगी।"

उस चेतावनी को दूसरे लोगों ने अपने लिए भी समझा था।

पुल पर लोगों में से पहले बड़ा सर्राफ अपने अंगरक्षक के साथ आगे बढ़ गया। फिर वकील, ठेकेदार, विज्ञान का स्नातक व दूसरे तमाम लोग भी बढ़ गए। योगी जी ने अपने अनुयायियों से कहा, "पकड़ा जाने वाला यह तो कभी कहता नहीं कि मैंने अपराध किया है।"

पार्क के लोगों में से एक बोला, "कुछ कहने-सुनने का मतलब था, अपने लिए झंझट पैदा करना।"

नए आए डायरेक्टर से डरने वाला क्लर्क घास पर दौड़ लगाने के शेष बचे पांच चक्कर पूरे करने लगा था।

□□